Claude Monet

Christoph Heinrich

CLAUDE MONET

1840–1926

KÖLN LISBOA LONDON NEW YORK OSAKA PARIS

UMSCHLAGVORDERSEITE:
Der Spaziergang. Frau mit Sonnenschirm (Detail), 1875
Öl auf Leinwand, 100 x 81 cm
Wildenstein 381
Washington (DC), National Gallery of Art,
Mr. and Mrs. Paul Mellon Collection

ABBILDUNG SEITE 1:
Selbstbildnis mit Mütze, 1886
Öl auf Leinwand, 56 x 46 cm
Wildenstein 1078
Privatbesitz

ABBILDUNG SEITE 2:
Die Rue Saint-Denis, Fest des 30. Juni 1878, 1878
Öl auf Leinwand, 76 x 52 cm
Wildenstein 470
Rouen, Musée des Beaux-Arts

UMSCHLAGRÜCKSEITE:
Claude Monet, 1901
Fotografie von Gaspar Félix Nadar

**Dieses Buch wurde gedruckt auf 100 % chlorfrei
gebleichtem Papier gemäß TCF-Norm.**

Originalausgabe
© 1994 Benedikt Taschen Verlag GmbH
Hohenzollernring 53, D-50672 Köln
Redaktion und Gestaltung: Rolf Taschen, Köln
Umschlaggestaltung: Angelika Muthesius, Köln
Herstellung: Winfried Zimmermann, Köln
Satz: Utesch Satztechnik GmbH, Hamburg
Reproduktionen: ORD, Gronau

Printed in Germany
ISBN 3-8228-9516-4

Inhalt

6

Wege in den Salon

16

Ein Maler findet seine Themen

24

Die Welt als ewiger Sonntag

34

Die Brücken von Argenteuil

44

Winter in Vétheuil

54

Konzentration und Wiederholung:
Die Serienbilder

62

Anderes Licht in anderen Ländern

70

Der Garten in Giverny

92

Claude Monet 1840–1926: Leben und Werk

94

Verzeichnis der abgebildeten Werke

Wege in den Salon

Wie das Programm für ein langes und fruchtbares Malerleben wirkt ein Stilleben, das Claude Monet zu Beginn seiner Laufbahn gemalt hat (Abb. S. 6). Malerutensilien wie Pinsel, Malkasten und Palette sind mit Büchern und Waffen auf einem gedrechselten Tisch drapiert und vor dem Hintergrund einer Tapete wiedergegeben, auf der sich Pflanzen, Wasser und exotische Vögel in der Art alter Gobelins miteinander verwoben finden. Der junge Künstler bemüht sich, die feuchtglänzende Farbe und den matten Samt der Mütze, den ausgetrockneten Buchdeckel und das Metall der Gewehrbeschläge sorgfältig wiederzugeben, um damit seine malerischen Fähigkeiten unter Beweis zu stellen. Ungewöhnlich ist dieses Bild schon wegen des Kontrastes zwischen den eher spröden Gebrauchsgegenständen und der tropischen Flußlandschaft mit ihren wuchernden Formen, ein Kontrast auch zwischen der tonigen Stimmung des Interieurs und der feuchten Kühle der luxuriösen Tapete.

Bemerkenswert ist jedoch dieses frühe Bild wegen seines hellen Leuchtens, das den Betrachter in seinen Bann schlägt. Auf der abgelegten Palette findet sich neben Resten von Grün, Rot und Schwarz ein dicker Klumpen feuchter Farbe: Bleiweiß. Von dieser frischen, weißen Farbmasse geht das Licht des Gemäldes aus und erhellt den ganzen Raum, es erhellt ein ganzes Malerleben. Das Licht ist das Programm.

Claude Monet ist der Maler des hellen Tages, der Maler des Himmels, des Schnees, der sich im Wasser reflektierenden Wolken, er ist der erste Maler, der fast monochrom weiße Bilder gemalt hat. Bis ins Alter und bis in die Tiefe seiner späten Bilder vom Seerosenteich hat er den reinen Farben dieses Weiß beigemischt und damit den dumpfen Ton des schummrigen Interieurs, der in diesem Bild noch deutlich vorherrscht, aus der Malerei vertrieben. Monet ist der Maler des Lichts.

Zu seiner Zeit, in der Einzelausstellungen noch nicht üblich waren, galt der alle zwei Jahre abgehaltene Pariser Salon für die französischen Maler als Podium und Markt ihres Schaffens. Sechs Wochen lang führten hier lautere Kunstmaler und eifrige Eleven, hochfahrende Kopisten und ab und an auch mal ein begnadeter Künstler ihre neuesten Werke einem Publikum vor, das mit Lob und Kritik nicht gerade sparsam war. Während bei dem vorwiegend aristokratischen Publikum des 18. Jahrhunderts eine gewisse Kennerschaft für die Schönen Künste vorausgesetzt werden konnte, war der Salon ein Jahrhundert später zum amüsanten Sonntagsvergnügen für jedermann geworden. Die zur herrschenden Klasse aufgestiegenen wohlhabenden Bürger und alle, die ihnen nacheiferten, flanierten mit Hut und Stock, in rauschenden Roben und unter losen Reden durch das Palais de l'Industrie, in dem seit der Weltausstellung von 1855 der Salon stattfand. In erster Linie wollte man unterhalten werden. Die Kritiker, die in den beliebten Journalen, wie dem »Journal de Rire« oder dem »Charivari« oft über mehrere Seiten die im Salon gezeigten

Der Notar Léon Marchon, um 1855/56
Mit Karikaturen, in denen er ehrbare Bürger und Personen des öffentlichen Lebens aufs Korn nahm, erwarb sich Monet in seiner Heimatstadt Le Havre den Ruf eines begabten Zeichners und Bürgerschrecks.

Atelierstilleben, 1861

Weg zum Hof Saint-Siméon bei Honfleur,
1864

Werke vorstellten und beurteilten, kamen diesem Bedürfnis entgegen und sorgten dafür, daß die Besucher durch euphorische Elogen oder kleine boshafte Karikaturen in ihrer Erwartungshaltung geprägt wurden. Noch bevor man die Bilder im Original gesehen hatte, schwärmte man schon begeistert oder hielt sich vor Lachen den Bauch. Die Chance, seine Bilder im Salon ausstellen zu dürfen, und das Urteil der Kritik entschieden darüber, ob ein Künstler akzeptiert wurde oder ob er weiterhin seiner Familie auf der Tasche lag und als Bettler endete.

Auch wenn in dieser offiziellen Bilderschau Sensation und Effekt zählten und die Maler Märchen und Mythen plünderten auf der Suche nach Morden, triumphierenden Helden und immer wieder einer schönen Gelegenheit, nacktes Fleisch zu präsentieren, darf man sich den Salon nicht ausschließlich als Domäne des schlechten Geschmacks vorstellen. Es war auch der Ort, an dem nach langem Kampf Eugène Delacroix und Gustave Courbet, Jean-François Millet, Jean-Baptiste-Camille Corot und Edouard Manet ihre Gemälde zeigten, bescheidene Erfolge feierten oder Skandale entfesselten und zumindest auf diese Weise Aufmerksamkeit erregten. In guten Jahren war hier eine ganze Spannbreite von gekonnt Altmeisterlichem bis zum unkonventionell Malerischen der Schule von Barbizon zu sehen, und für einen jungen Künstler war dabei manches eine Offenbarung.

Einer dieser Künstler, der staunend und mit offenen Augen durch den Salon läuft, ist Claude Oscar Monet. 1840 in Paris geboren, wuchs er in bescheidenen bürgerlichen Verhältnissen auf. Da der Kolonialwarenhandel seines Vaters immer schlechter ging, zog die Familie nach Le Havre, wo der Vater in den Großhandel seines Schwagers Jacques Lecadre eintreten konnte. Oscar, wie ihn zunächst alle nannten, war gerade sechs Jahre alt. Hier, im rauhen, aber fruchtbaren Norden Frankreichs, wo ein helles Licht, eine wechselhafte See, Wind und Wetter die Atmosphäre bestimmen, aber auch Seebäder wie Deauville, Trouville und Honfleur elegantes Publikum aus der Großstadt anzogen, verbrachte Monet seine Kindheit. Im Sommer lebte die Familie im hübschen Landhaus der Tante Sophie in Sainte-Adresse, im Winter wohnte man in der kleinen Hafenstadt Le Havre. Der Strand, das Meer, die Felsen und Dünen – Monet durchstreifte die Gegend tagelang, und zwar vorzugsweise dann, wenn er eigentlich in der Schule hätte sitzen sollen.

Einen eher zweifelhaften Ruhm errang der Fünfzehnjährige, weil er lokale Größen wie seine Lehrer und andere würdige Personen des öffentlichen Lebens der Hafenstadt mit spitzem Bleistift zeichnete und karikierend aufs Korn nahm (Abb. S. 7). Mit der Geschäftstüchtigkeit seiner Familie gesegnet, ver-

Eugène Boudin, *Am Strand von Trouville*,
1864
Boudin führte Monet in die Technik der Freilichtmalerei ein und bestärkte ihn in der Entscheidung, Maler zu werden.

stand es Monet, mit diesen Blättern zu handeln und sein Taschengeld dadurch nicht unbedeutend aufzubessern.

Wichtiger als solche Fingerübungen, die sich oft ziemlich genau an Vorlagen aus Zeitschriften anlehnen, ist für seine spätere Entwicklung allerdings die Freundschaft mit dem Maler Eugène Boudin. Der auf duftige Landschaftspastelle (Abb. S. 8) spezialisierte Maler nimmt ihn mit auf seinen Malausflügen ans Meer und den Strand der Seebäder und führt ihn in die damals neue Technik der Freilichtmalerei ein. »Wenn ich Maler geworden bin, so verdanke ich das Boudin. Boudin unternahm in seiner unendlichen Güte meine Unterweisung. Langsam öffneten sich meine Augen, ich begriff die Natur wirklich, gleichzeitig begann ich sie zu lieben.«[1]

Kurz vor dem Abschluß verläßt Monet die Schule, um Maler zu werden. Seine Mutter, die ihn vielleicht in diesem Beschluß unterstützt hätte, war 1857 gestorben. Sein Vater, der in ihm bereits den Nachfolger für das gutgehende Familienunternehmen sieht, ist wenig begeistert und versagt ihm jede wirtschaftliche Unterstützung. Wohl in der Hoffnung, daß diese Flausen schon vergehen werden, läßt er ihn ziehen. Ausgerüstet mit seinen durch die Karikaturenproduktion aufgebesserten Ersparnissen fährt Monet nach Paris, schreibt sich an der »Académie Suisse«, einer kleinen Privatschule, ein, erlebt den Salon und schreibt nach Hause an Boudin: »Ich bin hier von einer kleinen Gruppe von Landschaftsmalern umgeben, die sehr glücklich wären, Sie kennenzulernen. Es sind echte Maler.«[2]

Nach kurzem Militärdienst in Algerien, von dem er typhuskrank zurückkehrt, lernt er im Genesungsurlaub in Le Havre den holländischen Maler Johan Barthold Jongkind kennen, dessen Landschaften Monet bereits im Salon bewundert hatte. Jongkind, dessen sonnige und mit lockerem Pinsel angelegte Landschaften ihn zu einem unmittelbaren Vorläufer der Impressionisten machten, wurde seit der ersten Begegnung mit Monet »sein wahrer

Das Kap von La Hève bei Ebbe, 1865
Seine normannische Heimat, das Meer, das durch graue Wolkenbänke durchbrechende Licht oder die Sonne auf einer kleinen Straße bei Honfleur, hielt Monet in seinen frühen Bildern fest. Der Landschaft des nördlichen Frankreich blieb er sein Leben lang treu.

Die Straße von Chailly, 1865

Frédéric Bazille, *Die improvisierte Ambulanz,* 1865
Im Wald von Fontainebleau malte Monet während seiner ersten Pariser Jahre immer wieder mit seinen neugewonnenen Freunden Renoir, Sisley und Bazille. Bei einem dieser Malausflüge verletzte er sich und wurde von Bazille gepflegt.

Meister«, wie sich Monet später erinnerte: »Ihm verdanke ich die abschließende Erziehung meines Auges.«[3] In den Augen von Familie Monet-Lecadre allerdings war dieser verrückte Holländer, der dazu noch stark dem Alkohol zusprach, kein Umgang für den jungen Claude. Und so entläßt die Familie ihn 1862 erneut nach Paris unter der Bedingung, daß er, wenn er schon unbedingt Maler werden will, dies auf dem allgemein anerkannten Weg über die »Ecole des Beaux Arts« tut. Doch Monet interessiert sich nicht für die tonangebenden Maler der Akademie. Er tritt in das freie Atelier des Malers Charles Gleyre ein, der zwar selbst auch einen dem Salongeschmack entsprechenden idealisierenden Stil der schönen Linie pflegt, seinen Schülern jedoch große Freiheit läßt und sie dazu anhält, ihren eigenen Stil zu suchen. Die Anleitung und Förderung des gutmütigen Lehrers, dem seine Schüler wohl insgesamt heftig auf der Nase herumgetanzt sein müssen, weist Monet weitgehend zurück. Für ihn ist der Unterricht eine Möglichkeit zum Aktstudium und vor allem eine willkommene Gelegenheit, Gleichgesinnte zu treffen.

Monet lernt bei Gleyre die jungen Maler Frédéric Bazille, Alfred Sisley und Auguste Renoir kennen, die Bekanntschaft mit Camille Pissarro hat er bereits vor seinem Militärdienst gemacht: Der Kern der impressionistischen Bewegung hat sich damit gefunden. Weit entfernt von dem Klischee des »Bohèmien« gibt sich Monet ausgesprochen bürgerlich. Renoir wird später seinem Sohn berichten, daß die Mitschüler Monet den »Dandy« nannten: »Er hatte keinen Sou, aber er trug Hemden mit Spitzenmanschetten. (. . .) Zu einer Schülerin, einem hübschen, aber vulgären Mädchen, das ihm Avancen machte, sagte er: Entschuldigen Sie bitte, ich schlafe nur mit Herzoginnen oder Mägden. Die Mitte ekelt mich an. Das Ideal wäre die Magd einer Herzogin.«[4]

Die tatsächlichen Lebensverhältnisse der beiden Maler, die zeitweise zusammen leben und arbeiten, entsprechen jedoch eher der Bohème: Das wenige Geld, das sich die beiden durch Porträts und kleine Gelegenheitsaufträge verdienen – Monet versucht sogar, als Karikaturist Fuß zu fassen –, geht für Miete, Kohlen und den Lohn für das Mädchen drauf, das ihnen Modell saß. Ihre Mahlzeiten sind spartanisch. Von einem ihrer Auftraggeber, einem Lebensmittelhändler, lassen sie sich in Naturalien bezahlen und leben einen

Charles Gleyre, *Daphnis und Chloe bei der Rückkehr aus den Bergen,* 1862
Monets Lehrer Gleyre war ein sorgfältiger Handwerker, der den Geschmack seiner Zeit bediente und mit seinen Bildern den Normen der Akademie entsprach – ein großer Maler war er allerdings nicht. Gleichwohl ging aus seinem Atelier der Kern der impressionistischen Bewegung hervor.

Das Frühstück im Grünen (Vorstudie), 1865
Eine kleinere Version des Bildes, mit dem
Monet den Salon erobern wollte, ist dieses
heute in Moskau aufbewahrte *Frühstück im
Grünen*. Es gibt einen Eindruck davon, wie
das unvollendete Werk hätte aussehen können. Wahrscheinlich handelt es sich um die
im Wald von Fontainebleau entstandene Vorstudie, nach der das Gemälde im Atelier ver-
wirklicht wurde.

Monat lang von einem Sack Bohnen, die man nebenher auf dem Ofen kochen
kann, denn geheizt werden muß ohnehin, damit sich das nackte Modell nicht
erkältet. Ist der Bohnensack leer, so gibt es Linsen. Auf die Frage seines
Sohnes, ob diese Hülsenfrüchte zu jeder Mahlzeit nicht etwas schwer verdau-
lich gewesen seien, lachte Renoir nur: »In meinem ganzen Leben bin ich nicht
so glücklich gewesen. Allerdings besorgte Monet von Zeit zu Zeit eine Einladung zum Diner, und dann stopften wir uns mit gespicktem Truthahn voll, zu
dem es Chambertin gab.«[5]

Trotz so unausgewogener Ernährung und seiner standhaften Weigerung,
sich ganz den Händen eines akademischen Lehrers anzuvertrauen, kann Monet schon bald erste Erfolge im Salon verzeichnen. »Ein neuer Name muß
genannt werden. Bisher kannte man Monsieur Monet noch nicht, von dem die
Werke *Das Kap von La Hève bei Ebbe* (Abb. S. 9) und *Die Seinemündung bei
Honfleur* zu sehen sind. Diese Arbeiten sind wohl sein Debut – ihnen fehlt
noch die Finesse, die man erst durch langes Studieren erlangt. Aber das
Gefühl für Farbharmonie in dem Spiel verwandter Töne, der Sinn für Farbwerte überhaupt, die bemerkenswerte Ausstrahlung des Ganzen, ein kühner
Blick, die Dinge zu sehen und die Aufmerksamkeit des Betrachters zu lenken
– dies sind Vorzüge, über die Monsieur Monet bereits in hohem Maße ver-
fügt. Wir werden von nun an die künftige Arbeit dieses aufrichtigen Malers
des Meeres mit großem Interesse verfolgen.«[6]

Anerkennende Worte für einen jungen Maler, von dem noch eine Menge
passabler Bilder zu erwarten seien, findet der Kritiker der renommierten
»Gazette des Beaux Arts« bei seinem Gang durch den Salon von 1865. Es
spricht für den Kritiker, unter den unzähligen Bildern, die hier in bis zu fünf
Reihen übereinanderhängen, auf die zwei in ihrer tonigen Farbigkeit und
ihren einfachen Alltagsmotiven so zurückhaltenden Landschaften Monets
aufmerksam zu werden. Es spricht aber auch für den jungen Maler, der hier,
verglichen mit dem Gros der Salonmalerei, noch eher leise auftritt.

Vielleicht haben die Bilder der »Schule von Barbizon« diesem Kritiker die
Augen geöffnet, daß er die unmittelbare Umsetzung des Natureindrucks so
schätzen konnte. Monet befindet sich tatsächlich in seinen frühen Jahren in
großer Nähe zu dieser realistischen Richtung. Zu dieser Malergruppe, die am

Bis ins hohe Alter bewahrt Monet das Mittelstück seines *Frühstücks im Grünen* in seinem Atelier auf und erzählt seinen Besuchern, hier dem Duc de Trévise, vom Schicksal des nie vollendeten Gemäldes.

Edouard Manet, ***Frühstück im Grünen,*** 1863

Rande des Waldes von Fontainebleau arbeitete, gehörten u. a. Corot, Charles François Daubigny und Constant Troyon. Sie suchten in ihren Motiven das einfache Leben und lehnten die beim Publikum so beliebten historischen und anekdotischen Themen ab. Ihre Werke zeichneten sich durch ein sorgfältiges Studium vor der Natur aus, die Gemälde jedoch entstanden in der Regel im Atelier. Auch Monet malt zeitweise im Wald von Fontainebleau (Abb. S. 10) und lernt dort die Maler dieser Richtung persönlich kennen. Doch will er sich mit Landschaften in der Folge der Barbizon-Meister nicht begnügen. Er hat große Pläne. Das Figurenbild scheint Monet den Erfolg zu garantieren, und zwar möglichst in großem Format: Um von der Hängekommission nicht an einen nur noch mit dem Feldstecher zu würdigenden Platz unter der Decke des Saals verbannt zu werden, um möglichst laut und unübersehbar aufzutrumpfen, greifen die Maler zu Riesenformaten, »grandes machines« nennen es die Pariser damals, einen Salonschinken würden wir es heute nennen. Und so rebellisch und unabhängig sich der junge Monet bereits zeigt, so beherzt und unkonventionell er mit Farbe und Zeichnung umgeht, so unbeirrbar sucht er seinen Erfolg in der offiziellen Arena des Salons.

Einige Jahre zuvor hatte Manet, dessen Bilder zu dieser Zeit höchst umstritten waren und immer wieder vom Salon abgelehnt wurden, mit seinem *Frühstück im Grünen* (Abb. S. 12) Furore gemacht: Inmitten einer stimmungsvollen Lichtung, bei Brot, Wein und Obst, sitzen zwei städtisch geklei-

12

Das Frühstück im Grünen (linker Teil und
Mittelteil), 1865
Mit mehreren Monatsmieten im Rückstand
hatte Monet das Gemälde seinem Hauswirt
als Pfand hinterlassen müssen. Als er es nach
Jahren wieder einlösen wollte, war es ver-
schimmelt und in weiten Teilen durch Feuch-
tigkeit zerstört. Nur zwei Partien des monumentalen Gemäldes konnte er retten.

13

Das Mittagsmahl, 1868
Eine bürgerliche Idylle, wie sie lange für den in ärmlichen Verhältnissen lebenden Maler Wunschtraum bleiben sollte, hielt Monet in diesem letzten der unter dem Einfluß von Manet entstandenen Bilder fest: Lange als *Das Frühstück* geführt, gibt das Bild das in Frankreich übliche, am späten Vormittag eingenommene Déjeuner wieder, bei dem zum Frühstücksei und der Morgenzeitung auch Salat und Wein gereicht wird.

Camille oder **Die Dame im Grünen Kleid,**
1866

dete Männer und eine nackte Frau; im Hintergrund kühlt sich eine zweite Frau ihre Füße im Fluß. Das Bild wurde zum Skandalerfolg, und dasselbe Publikum, das einen in süßlicher Laszivität kaum zu überbietenden Venusakt des Salonmalers Alexandre Cabanel feierte, war nur mit Mühe daran zu hindern, Manets *Frühstück* zu bespucken. Die Empörung ist wohl dem Umstand zuzuschreiben, daß die Darstellung der nackten Frau nicht durch ein mythologisches Thema gerechtfertigt wurde. Es war darüber hinaus aber auch die lockere Malweise, die den Zeitgenossen roh erschien.

Monet aber ist von den malerischen Qualitäten seines Namensverwandten begeistert. Nachdem er 1863 die ersten Bilder sah, hellte sich seine dunkle Palette merklich auf. Er versucht, ihn in einer wahren »tour de force« zu übertreffen: Sein *Frühstück* soll die sagenhaften Maße von 4,20 × 6,50 Metern erhalten und rund ein Dutzend lebensgroßer Figuren vereinen, die sich in einem Birkenwald zu einem Mahl mit Wein, gefülltem Huhn und Torte versammelt haben (Abb. S. 11–13).

Während Manets Gemälde ein Atelierbild nach allen Regeln der Kunst ist, begibt sich Monet mit seiner Leinwand ins Freie, um die Unmittelbarkeit einzufangen. Während Manet schockierte, weil er eine nackte Frau, die auch noch dem Betrachter auffordernd ins Gesicht sieht, ohne jeden allegorischen Vorwand zwischen zeitgenössisch bekleidete Herren setzte, stellt Monet seine Picknickgesellschaft in neuestem Pariser Chic gekleidet dar. Es scheint, als habe er sich die Kritik an seinem älteren Kollegen zu Herzen genommen und wolle sich nun mit Wohlerzogenheit im Salon beliebt machen.

Mit seiner neunzehnjährigen Geliebten, Camille Doncieux, und seinem Freund Bazille, mit dem er ein Atelier teilt, fährt Monet im Sommer 1865 in den Wald von Fontainebleau, und geduldig stehen, sitzen und liegen ihm die beiden für alle Figuren des Gemäldes Modell. Im Herbst macht sich Monet im Pariser Atelier an die Umsetzung der Studie in das Großformat. Wie ein Besessener arbeitet er den ganzen Winter an dem Gemälde und muß doch kurz vor Eröffnung des Salons erkennen, daß er es nicht vollenden wird. Er verwirft das Bild, stellt es zur Seite und malt – in vier Tagen, wie es die Legende wissen will – ein ganzfiguriges Porträt seiner Freundin: *Camille* oder *Die Dame im grünen Kleid* (Abb. S. 15).

Wurden die Landschaften, die Monet im vorhergehenden Salon zeigte, bereits wohlwollend besprochen, so landet Monet mit seiner *Camille* nun einen richtigen Erfolg. Immer wieder lobt die Kritik die gleichermaßen locker fließende wie altmeisterlich stoffliche Seide des Rockes und vergleicht sie sogar mit den berühmten Stoffen des venezianischen Malers Veronese. »Sehen Sie nur das Kleid an. Es ist schmiegsam und solide zugleich. Es zieht weich nach, es lebt, es sagt deutlich, was diese Frau ist. Das ist nicht das Kleid einer Puppe, irgendein Mousselin, in den man Träume hüllt: Das ist gute, wirkliche Seide, die wirklich getragen wird.«[7] Man bewundert die Lebendigkeit der Figur, wie sie sich abwendet, um zu gehen. Das Flüchtige eines Moments scheint hier in Haltung wie Malweise festgehalten. Der vor allem den realistischen Malern aufgeschlossene Schriftsteller Emile Zola jubelt: »Wahrhaftig – da ist ein Temperament, da ist ein Mann in dieser Schar von Eunuchen.«[8]

Mit seinem *Frühstück* wollte Monet Manet übertrumpfen – mit seiner *Camille* erntete er Jubel und wird mit Manet in einem Atemzug genannt: »Monet oder Manet? – Monet. Aber Manet verdanken wir diesen Monet. Bravo Monet! Danke Manet!«[9] Monet, hochmotiviert durch diesen Erfolg, bemüht sich weiter um die menschliche Figur. Seinen Plan, ein großes Figurenbild zu schaffen, gibt er nicht auf. Er beginnt ein etwas kleineres Bild, das nur noch vier Frauen im Freien zeigen, nun jedoch vollständig im Freien entstehen soll.

Ein Maler findet seine Themen

Monet ist nicht aufzuhalten. Von den ersten Erfolgen im Salon angespornt, arbeitet er weiter an der Darstellung der menschlichen Figur. Das ist kaum verwunderlich, denn bei Jury, Publikum und Kritik galt die menschliche Figur alles – und die Landschaft erst allmählich etwas mehr als nichts. Emile Zola meint, es sei der Traum eines jeden Malers, lebensgroße Figuren in eine Landschaft hineinzusetzen[10], und auch Monet träumt diesen Traum. Er glaubt, seine Lehre aus dem Debakel des *Frühstücks* gezogen zu haben, und überträgt für seine *Frauen im Garten* (Abb. S. 16) nun nicht mehr die im Freien skizzierten Studien im Atelier ins große Format, sondern stellt sich gleich mit einer weniger großen Leinwand ins Freie. Doch auch bei den Ausmaßen von zweieinhalb mal zwei Metern ist dies immer noch keine Selbstverständlichkeit. Und so muß er den Spott von Kollegen wie Courbet in Kauf nehmen, wenn diese ihn beim Malen besuchen und seine Vorrichtung kommentieren, mit der er den unteren Teil der Leinwand in ein selbstausgehobenes Erdloch absenkt, um die oberen Partien malen zu können.

Monet scheitert erneut. Das Bild wird zwar vollendet, doch von der Jury des Salons nicht angenommen, und es ist auch in den Augen der Nachwelt – anders als etwa spätere, zunächst geschmähte Gemälde – nicht ganz gelungen. Die Figuren sind eben nicht in die Natur eingebunden, sondern wirken wie in den Garten gestellte Schaufensterpuppen. Camille steht und sitzt, sichtbar geduldig, für alle Figuren Modell. Sie ist in Posen erstarrt und fährt in der rechten Figur, wie auf einem rollenden Untersatz montiert, durch den Garten. Monet schildert keine Situation, die das Zusammenkommen der Frauen im Garten motivieren würde, und ist an einer die einzelnen Figuren individuell belebenden Psychologie nicht interessiert. Vom Charisma seiner *Camille . . . im grünen Kleid* sind diese vier Damen weit entfernt.

Dennoch fasziniert etwas an dem Bild und macht es für seine Zeit einmalig: Es ist die Sonne, die vom Maler wie ein großes Handtuch auf den Weg geworfen wird, es ist das Leuchten der weißen Blumen, es sind die Schatten, die kühn das vordere Kleid zerschneiden, und es ist der seidige Glanz des vorderen Gesichtes, in welchem sich das durch den Schirm gefilterte Sonnenlicht mit den Reflexen aus dem strahlenden Kleid trifft. Das Bild hat ein Leben – nicht das Leben der Figuren, sondern das Leben der Schatten, das Leben durch Licht. Mit einer zuvor nie dagewesenen Frische und in unverfroren starken Kontrasten werden die Figuren in Licht und Schatten der freien Natur gestellt. Im Vergleich dazu wirken die Personen auf Manets *Frühstück im Grünen* (Abb. S. 12) wie vor der Kulisse eines Photographenateliers wiedergegeben. Vielleicht ist es ihm selber erst bei diesem Bild in aller Konsequenz klargeworden – Monet hat sein Thema gefunden: das Licht.

Im folgenden Jahr malt er zusammen mit Renoir in Paris. Von einem Balkon vom zweiten Geschoß des Louvre hält er die gotische *Kirche Saint-*

Um dem zeitgenössischen Leben in seinen Bildern gerecht zu werden, studierte Monet sehr genau die neueste Pariser Mode. Wie schon bei seinem *Frühstück im Grünen* stehen auch zu den *Frauen im Garten* Figurinen aus Modezeitschriften Pate.

Frauen im Garten, 1866

Die Kirche Saint-Germain-l'Auxerrois, 1867
In den Bildern, die Monet im Frühjahr 1867
vom Balkon des Louvre aus malte, huldigte
er der eleganten und verschwenderisch groß-
zügigen Metropole, zu der Paris in diesen
Jahren wurde. Doch anders als für Manet
oder Degas war die Stadt für ihn nur eine
Episode.

Germain-l'Auxerrois (Abb. S. 18) in gleißendem Vormittagslicht fest. Und
ebenfalls vom Louvre aus, allerdings bei verhangenem Himmel, blickt er auf
den *Garten der Infantin* (Abb. S. 19). An Details, an modischen Tornüren und
Bordüren ist Monet nun nicht mehr interessiert. Die Figuren, die er hier in
einer skizzenhaften Kurzschrift hintüpfelt und -strichelt, erzählen keine Ge-
schichten und führen keine Mode vor, sondern artikulieren den Raum und
tragen das Tageslicht.

Beide Bilder spiegeln das neue, das moderne Paris wider. Vor der gotischen
Kirche erstreckt sich ein erst kürzlich angelegter Platz mit jungen Kastanien
und die Häuser auf beiden Bildern weisen auf die »Haussmannisierung« hin:
Paris entwickelt sich in diesen Jahren des Zweiten Kaiserreichs zum kosmopo-
litischen Zentrum, das es bis heute geblieben ist. Die zuvor das Stadtbild
prägenden mittelalterlichen Winkelgassen und verbauten Quartiers müssen
dem prunkvollen Neubarock der Avenuen und Häuserzeilen weichen, die
Baron Haussmann, der Präfekt und Stadtplaner Napoleons III., in einer groß-
angelegten Neuordnung bauen läßt. Paris wird heller, geräumiger und elegan-
ter in jenen Jahren. Wenngleich diese Veränderung auch einen sozialen Erd-
rutsch zur Folge hatte, der wenige Immobilienspekulanten unermeßlich reich
machte und viele alteingesessene Pariser mittellos in die Vorstädte verbannte,

Der Garten der Infantin, 1867

18

Katsushika Hokusai, *Der Sazai-Pavillon des Tempels der Fünfhundert Rakan,* 1829–33
Die ungewöhnlich kompakte und in horizontalen Schichtungen aufgebaute Komposition der *Terrasse am Meeresufer von Sainte-Adresse* wird verständlich, wenn man weiß, daß sich Monet hier von einem der damals sehr beliebten japanischen Holzschnitte hat anregen lassen.

brachten die Jahre einen Wohlstand und eine Pracht mit sich, die die jungen Maler bewunderten. Und so malt auch Monet die Dimensionen der weitläufigen Metropole, die Bewegung der Karossen und das Gemenge der promenierenden Bürger. Am Wohlstand dieser Jahre hat Monet selbst allerdings kaum Anteil. Wiederholt vom Salon abgelehnt und immer noch ohne beständige Förderer hält er sich mühsam durch Gelegenheitsaufträge und Zuwendungen seiner Freunde über Wasser. Die Familie entzieht ihm ihre Unterstützung, da sie nicht billigt, daß Monet mit der aus einfachen Verhältnissen kommenden Camille zusammenlebt. Der finanziell besser gestellte Bazille nimmt Monet immer wieder bei sich auf, teilt mit ihm sein Atelier und kauft ihm sogar die *Frauen im Garten* ab. Den für das Gemälde eines unbekannten Malers hohen Betrag von 2500 Francs stottert er in monatlichen Raten zu 50 Francs ab. Doch auch diese mäzenatische Zuwendung reicht nicht für Miete, Lebensmittel und Malmaterial, und so täuscht Monet den Bruch mit Camille vor. Die Familie nimmt ihn wieder auf, und er kann den Sommer 1867 im Landhaus der Tante in Sainte-Adresse verbringen. Von dort schreibt er besorgt an Bazille und hält ihn immer wieder an, sich um die in Paris zurückgelassene Camille zu kümmern. Diese ist hochschwanger und bringt am 8. August 1867 den ersten Sohn, Jean, zur Welt. Monet bleibt in der Normandie und bemüht sich, durch gespielten Familiensinn die Unterstützung durch die Verwandten zu sichern. »Schon zwei Wochen befinde ich mich im Schoß der Familie und

bin glücklich, soweit dies möglich ist. Alle sind nett zu mir und begeistern sich an jedem Pinselschlag. Ich habe eine Menge zu tun, ungefähr zwanzig ergreifende Marinen und Figuren und Gärten.«[11]

Das Thema der Gärten, das ihn ein Leben lang begleiten wird, hatte Monet bereits im Sommer zuvor in Sainte-Adresse entdeckt. Blumengärten in ihrer Farbigkeit und Fülle, ihrem vitalen Wuchern und Leuchten fesseln ihn und sind ein Motiv, an dem sich die Kraft und Wirkungsweise des Lichts in aller Farbpracht verfolgen läßt. Das Sonnenlicht im *Garten in Sainte-Adresse* (Abb. S. 20) weckt die Farbe aus ihrem tonigen Schlaf, den sie unter der Hand der Realisten führte. Ein reines Rot leuchtet und wird intensiviert durch weiße Lichter und vor allem durch das satt strahlende komplementäre Grün. Auf dem Bild der *Terrasse am Meeresufer von Sainte-Adresse* (Abb. S. 21) verbinden sich Blumen und Licht mit Monets erstem Thema, dem Wasser. Dieses Bild ist wahrscheinlich im gleichen Jahr wie der *Garten in Sainte Adresse* entstanden und stellt, wie er selbst später berichtet, in der vorderen Figur seinen Vater dar. Monets Pinsel ist weniger frei als auf den Pariser Bildern, und die Figuren wie die Terrasse und das Meer wirken seltsam steif und schematisch, doch in der Darstellung des Sonnenlichtes geht das Bild über die *Frauen im Garten* hinaus. Erstmals malt Monet die Schatten farbig und gibt freier als zuvor die Blumen durch frei getupfte, leuchtende Flecken reiner Farbe wieder.

Die Terrasse am Meeresufer von Sainte-Adresse, 1867
Die Sonne, das Meer, Figuren und Blumen verbindet Monet zu einer Komposition, die in diesen Jahren als sehr gewagt gelten mußte. In seiner Farbigkeit, vor allem aber im schematischen Pinselduktus steht das Bild allerdings dem realistischen Frühwerk noch näher als dem Impressionismus.

Als Marinemaler debütierte Monet im Salon, und es sind nicht nur die eleganten Regatten und mondänen Seebäder, die er malt, sondern er ist sein Leben lang fasziniert vom Meer – wie es träge an sonnigen, windlosen Tagen vor sich hin döst, wie es wild und stürmisch tobt oder trübverhangen brütet. Aber auch See und Teich und immer wieder seinen Fluß, die Seine, stellt er dar. Dabei beobachtet er zum einen das Wasser in seinen unterschiedlichen, vom Wetter bedingten Erscheinungsformen (Abb. S. 23), begreift es zum anderen jedoch auch als Reflexionsfläche, auf dem sich die umgebende Landschaft bricht. Himmel, Wolken, Häuser und Bäume, Menschen und Boote werden im Spiegel des Wassers zusammengezogen und zu einer Fläche verdichtet, in der sich die körperlichen und räumlichen Gegebenheiten der dargestellten Gegenstände auflösen. In einem Bild wie *Der Fluß/Am Ufer der Seine bei Bennecourt* (Abb. S. 22) wird deutlich, daß das Wasser für Monet ein Mittel der Abstraktion ist. Durch die dargestellten Gegenstände kaum unterschiedene Farbflächen gliedern und rhythmisieren das Bild. Der Spiegel der Wasseroberfläche verwischt die räumlichen Bezüge der Landschaftsmalerei und ist damit ein Schritt auf dem Weg zur gegenstandslosen, zur abstrakten Malerei. Monet wird dieses hier schon früh formulierte Prinzip an seinen

Der Fluß/Am Ufer der Seine bei Bennecourt,
1868
Die reflektierende Oberfläche des Wassers nutzt der Maler, um vom Gegenstand zu abstrahieren. So verschmilzt die greifbare Natur und ihre Verdoppelung im Spiegel zu einer Einheit, die jede räumliche Tiefe aufhebt und in die Fläche bindet.

Stürmisches Meer bei Etretat, um 1873

späteren Wasserlandschaften, an den Felsenbildern und vor allem an den Bildern seines Seerosenteiches bis zur radikalen Gegenstandsauflösung weiterführen.

Doch davon trennen ihn noch lange Jahre. Jahre, in denen er sich in seiner Malerei immer wieder um spannungsvolle Kompositionen im traditionellen Sinn und malerische Ausschnitte bemüht. Es sind gleichzeitig harte Jahre der Not und Verzweiflung. Natürlich kann Monet das Theaterspielen nicht lange durchhalten und will seine Geliebte und den gemeinsamen Sohn nicht länger im Stich lassen. Er kehrt zurück nach Paris, wo sich erneut die offizielle Ablehnung seiner Bilder mit existentiellen Nöten abwechseln, und oftmals ist Bazille der einzige, der ihm unter die Arme greift. Unzählige Briefe, in denen Monet den treuen und offenbar sehr großherzigen Freund um Geld angeht, dokumentieren die trübe Situation. Im darauffolgenden Herbst bessert sich die Lage vorübergehend durch die Bekanntschaft mit dem Reeder Gaudibert aus Le Havre. Monet porträtiert unter anderem Madame Gaudibert, und zunächst scheint etwas Ruhe einzukehren. An Bazille nach Paris kann er nun schreiben: »Ich bin hier umgeben von allem, was ich liebe. Meine Zeit verbringe ich im Freien, am Strand bei stürmischem Wetter oder wenn die Fischerboote ausfahren . . . Am Abend, mein lieber Freund, finde ich in meinem Häuschen ein warmes Feuer und eine gemütliche kleine Familie. Könnten Sie Ihr Patenkind sehen, wie niedlich es jetzt ist! Dank des Herrn in Le Havre, der mir hilft, genieße ich vollkommene Ruhe, befreit von Plackereien. Am liebsten möchte ich immer in einem solchen stillen Winkel der Natur bleiben.«[12] (Abb. S. 14) Doch schon Ende des Jahres findet diese Idylle ihr jähes Ende. Monet flieht vor seinen Gläubigern nach Paris und läßt zahlreiche Bilder in Le Havre zurück. Die Beschäftigung mit den Gärten und dem Wasser, die Beschäftigung mit dem Licht lassen die Möglichkeit, Bilder zu verkaufen, vielleicht sogar öffentlich Anerkennung zu finden, in weite Ferne rücken. Das Licht, die Blumen und das Wasser führen den jungen Maler immer weiter weg vom Salon.

Die Welt als ewiger Sonntag

Von Boudin, der ihn anregte, im Freien zu malen, hat Monet gelernt, daß alles, was unmittelbar und an Ort und Stelle im Freien gemalt wird, eine Kraft und Lebendigkeit des Strichs hat, die im Atelier nicht erreicht werden kann. Während der im Atelier malende Künstler immer wieder auf akademische Konventionen und seine eigenen Manierismen zurückgreift, ist der im Freien schaffende Maler gezwungen, auf die sich ständig verändernde Atmosphäre, auf das sich unentwegt verändernde Licht zu reagieren. Zu allen Zeiten haben Maler im Freien skizziert und Erscheinungen der Natur festgehalten – zunächst mit Stift, Kreide und Wasserfarben und seit Ende des 18. Jahrhunderts vereinzelt sogar mit Ölfarben. Doch waren dies nur Skizzen, die erst im Atelier auf die Leinwand übertragen und nach akademisch festgelegten Regeln zu traditionellen Kompositionen verdichtet wurden. Neu und in seiner Auswirkung auf die Malerei revolutionär ist der Umstand, daß Maler mit Staffelei, Leinwand, Ölfarben und Palette losziehen, um in freier Natur ihre Bilder anzulegen, an ihnen zu arbeiten, ja sie manchmal sogar im Freien fertigzustellen. Monet gehört zu den ersten Malern, die auf diese Weise ihr Atelier ins Freie verlegen. Dies war überhaupt erst möglich, weil kurz zuvor die Tubenfarbe erfunden wurde; ein Mischen der Farben aus Farbpulver und Öl vor Ort wäre – zumindest im rauhen Wind der Normandie – wenig erfolgversprechend gewesen. Kompliziert und unbequem ist das Malen im Freien allemal. Ausstaffiert mit den Malutensilien und einem großen Sonnenschirm, der einen direkten Lichteinfall auf die Leinwand verhindern soll, zieht Monet im Sommer los. In der kalten Jahreszeit sieht man ihn mit Stiefeln, Wollzeug und oftmals mehreren Mänteln übereinander und in Decken eingepackt vor seinem Motiv sitzen. Bei windigem Wetter bindet er Staffelei und Leinwand mit Schnüren fest, und trotzdem spielt ihm die Natur manchen Streich. Einmal, als er sich in den Gezeitenangaben irrt, erfaßt ihn eine Flutwelle und reißt ihn samt Malzeug und Leinwänden ins Meer. »Die Kunst hat ihre tapferen Soldaten« spottet ein zeitgenössischer Kritiker.[13]

Sich mit Ölfarben und Leinwand nach draußen, etwas weiter als bis zum nächsten Park, zu begeben, wäre noch einige Jahre früher ein kompliziertes Unterfangen gewesen, das für in Paris lebende Maler zumindest eine Droschke und damit einen gewissen Wohlstand vorausgesetzt hätte. Doch die neuen, seit den 50er Jahren entstandenen Eisenbahnverbindungen rücken die umliegenden Dörfer der Metropole näher und ermöglichen es den mittellosen Malern, jederzeit ins Grüne zu fahren. Stündlich verkehren Züge vom Gare de l'Est nach Argenteuil, Bougival, Asnières und den anderen Orten entlang der Seine, und nur wenige Stunden trennen die Metropole von den mondänen Seebädern Deauville, Honfleur und Trouville. Zusammen mit den Malern sitzen Erholungssuchende aller Schichten im Zug. Erstmals können nun auch städtische Arbeiter und Kleinbürger einen Ausflug machen und zumindest für

Antony Morlon, *La Grenouillère* (Detail), 1880–90
Das Bild gibt das ausgelassene Treiben der Städter auf dem Lande wieder. Der Ausflug »à la campagne«, früher ein Privileg des Adels und der Großbürger, der Pferde- und Kutschenbesitzer, wird durch die Eisenbahn plötzlich für jedermann erschwinglich.

Der Spaziergang. Frau mit Sonnenschirm, 1875

Regatta in Argenteuil, 1872

Das Hôtel des Roches Noires in Trouville, 1870

einen Tag der Großstadt den Rücken zukehren: »Als ich losfuhr, sagte ich mir: Dort draußen werde ich frische Luft haben, Sonne und Grün. Oh ja, tatsächlich, Grün! Statt Kornblumen und Mohn weite Felder bedeckt mit Lumpen und abknöpfbaren Krägen – überall Wäscherinnen, doch keine einzige Schäferin. . . . Kutscher, die dich verspotten, und Gastwirte, die dich ausnehmen . . . Wälder, in denen man seine Tochter verliert, und Gasthäuser, wo dir der Schwiegersohn abhanden kommt. Da hast du die genau Beschreibung von dem, was man gemeinhin die Pariser Vorstädte nennt.«[14] So berichtet der wackere Monsieur Bartaval, die Hauptfigur einer Opéra Bouffe aus dem Jahre 1875, von seinem Wochenende »à la campagne«. Zeitgenössische Satiren und Karikaturen beschreiben, wie die kleinen Orte an der Seine gerade in den Jahren, in denen die Impressionisten hier malen, zersiedelt, industrialisiert und für die Bedürfnisse der Großstadtmenschen eingerichtet werden. »Wo immer sich auch ein armseliges Stückchen Wiese mit einem halben Dutzend rachitischer Bäume fand, machte der Besitzer schleunigst ein Gartenrestaurant oder ein Tanzlokal daraus.«[15]

Ein solches Ausflugsziel malen Monet und Renoir im Sommer 1869 in Bougival: *La Grenouillère*, der Froschteich, ist ihr gemeinsames Motiv (Abb. S. 28, 29). Aus nahezu identischem Blickwinkel – Renoir dürfte rechts von Monet und vielleicht etwas näher am Wasser gesessen haben – malen beide das Treiben auf dem Blumentopf, wie die kleine Badeinsel mit dem Baum in der Mitte genannt wird. Im Vergleich kann man erkennen, daß beide sich durchaus um topographische Genauigkeit bemüht haben. Doch gerade diese äußerliche Nähe macht die unterschiedliche Malweise beider Künstler deutlich: Aus klaren, waagerechten Strichen baut Monet sein Bild auf und setzt

vehement wenige, aber kraftvolle Lichter auf. Er führt den Pinsel energisch, während Renoirs Farbauftrag duftig und verwischt ist. Verwendet Monet hier relativ wenige und kühle Farbtöne, so wirkt Renoirs Palette zarter und durch Beimischung von Rottönen wärmer. Monet interessiert sich nicht mehr für die aktuelle Mode, sondern setzt seine Figuren nur noch als lockere, bewegte Striche ins Bild. Renoir hingegen gibt die Stofflichkeit der von der Sonne gestreiften Kostüme wieder und achtet auf modische Details. Vermittelt Renoirs auf einen Mittelpunkt hin konzentrierte Komposition eine geborgene, geschlossene Atmosphäre, so führt Monet in seinem Bild durch gleichmäßig verteilte Schatten und markant an die Ränder gesetzte weiße Striche die Konzentration von der Mitte des Bildes weg und schafft so ein weiträumig

Auguste Renoir, *Der Badeplatz »La Grenouillère«*, 1869

über die gesamte Bildfläche gespanntes, dynamisches Gewebe, das Fläche und plastische Tiefe vereint. Diese sich nach den Rändern hin ausdehnende Spannung bleibt typisch für Monets Kompositionen. Verglichen mit seinen Gemälden *Der Fluß* (Abb S. 22) oder *Terrasse in Sainte-Adresse* (Abb. S. 21) gelingt es Monet in *La Grenouillère,* die Oberfläche des Wassers in seiner stofflichen Qualität wiederzugeben, sie aber auch malerisch und frei als flächengestaltendes Mittel einzusetzen. An diesem Punkt verlieren Monets Bilder auch endgültig den letzten Anflug von Steifheit, die den *Frauen im Garten* (Abb. S. 16) oder der *Terrasse von Sainte-Adresse* ein wenig die Wirkung von Operettenkulissen gegeben hat.

Sonnige Visionen wie die vom Froschteich haben eine lange Tradition, die ihren Höhepunkt im galanten Zeitalter eines Antoine Watteau hatten. Die Impressionisten – hier eindeutig mehr noch Renoir als Monet – knüpfen an diese arkadischen Szenen an, doch malen sie statt abgeschiedener Idylle ein turbulentes Gewimmel, das den Schilderungen des erwähnten Monsieur Bartaval durchaus entspricht. In Monets Sicht auf Badevergnügen und Segelregatten zeigt sich der Blick auf eine frühe Form der Freizeitindustrie, mit deren Mitteln die Großstadtmenschen die Natur konsumieren. Die Darstellungen des Sonntags »à la campagne« sind wie die Ansichten des neuen Paris nicht nur zeitgenössische, sondern ganz bewußt als modern verstandene Aspekte des täglichen Lebens.

La Grenouillère (Der Froschteich), 1869
Der *Blumentopf* oder auch *Camembert,* wie die kleine Badeinsel mit dem Baum in der Mitte genannt wird, ist für Monet und seinen Kollegen Renoir ein attraktives Motiv für ihre ersten »impressionistischen« Bilder. Staffelei an Staffelei malen beide am selben Motiv. Bei aller Ähnlichkeit verraten die beiden Bilder jedoch viel über die grundsätzlichen Unterschiede zwischen den beiden Malern.

Es ist für heutige Augen kaum nachvollziehbar, daß diese Bilder des leichten Lebens, von Freizeit und Sonntagsvergnügen auf so harsche Kritik stoßen konnten und so beharrlich von Akademie und Publikum abgelehnt wurden. Im wesentlichen dürfte diese Ablehung auf drei Faktoren beruht haben: der Malweise, der Farbigkeit und der Behandlung der menschlichen Figur. Um die im Freien wahrgenommenen Farb- und Lichteindrücke unmittelbar umzusetzen, entwickelten die Maler eine eigene Pinselschrift. Diese zeichnet sich vor allem durch lockere Pinselschläge und kommaförmige Tupfen aus, mit denen helle Farbwerte und kontraststarke, aber farbige, dunkle Töne ohne modulierende Zwischenwerte nebeneinandergesetzt werden. Für eine »ébauche«, eine rasche Skizze, wäre diese Malweise noch akzeptiert worden, doch die Anforderungen an ein »tableau«, ein ausgearbeitetes Gemälde, mit dem

Der Hafen von Zaandam, 1871

ein Maler seine Fertigkeit unter Beweis zu stellen hatte, wurden damit keinesfalls erfüllt. Als besondere Anmaßung wurde empfunden, daß diese Machwerke durch ihre Größe vorgaben, fertige Gemälde zu sein. Darüber hinaus mußte einem Publikum, das an die tonigen Farbwerte der Naturalisten und die metallisch kühlen Farben eines Ingres und seiner Schüler gewöhnt war, die Leuchtkraft der Bilder Monets grell, schrill und provozierend erscheinen. Ingres, der die akademische Malerei dieser Jahre maßgeblich prägte, hatte die Zeichnung als Grundlage der Malerei absolut gesetzt. Als Schüler des Klassizisten Jacques-Louis David und glühender Verehrer der Kunst Raffaels, erfreute er mit seiner Malerei der geschlossenen Silhouette, der zarten Farbtöne und wohlponderierten Konturen das Bürgertum, das ihn mit Porträtaufträgen überhäufte. Der an antiker Schönlinigkeit geschulte Umriß der Figuren und ihre schwungvolle Eleganz waren das Maß der Bilder. »Zeichnen Sie Linien, viele Linien«, hatte Ingres seinen Schülern regelrecht eingebleut. Farbe war nur eine Zutat. Ingres und mit ihm ein Großteil der akademischen Maler führte einen lebenslangen Kampf gegen Delacroix, der gerade die Farbe über alles setzte und – wie nach ihm Courbet und Manet – lange kämpfen mußte, um überhaupt im Salon ausstellen zu dürfen. Doch selbst die dramatisch packende Hell-Dunkel-Malerei eines Delacroix, in der Linien und Farben wie aus dem Nichts zur Mitte rasen und sich wie zufällig zur Figur verbinden, war

William Turner, *Sich der Küste nähernde Jacht,* 1838/40
In London lernt Monet das Werk des drei Generationen älteren Landschaftsmalers William Turner kennen, der mit seiner atmosphärischen, die Umrisse und Formen in Licht auflösenden Farbmalerei zu einem Wegbereiter des Impressionismus wurde.

gegen die auf leuchtenden Spektralfarben aufgebaute Kommaschrift der Impressionisten fast altmeisterlich.

Zieht man den hohen Wert in Betracht, der gemeinhin dem Figurenbild beigemessen wurde, dürfte es besonders die Art gewesen sein, wie Monet und seine Freunde die menschliche Figur behandelten, welche die Zeitgenossen so erbost hat. Die akademischen Maler hatten Monsieur Bourgeois als Leonidas und Odysseus und seine Madame als schöne Helena und tugendvolle Diana dargestellt und durch antikische Abgeklärtheit geadelt. Der promenierende Bürger auf Monets Bildern wird hingegen genauso behandelt wie ein flatternder Wimpel. Nicht anders als ein Grasbüschel oder eine Rauchwolke ist er eine Projektionsfläche für das Licht – nicht mehr und nicht weniger. »So soll ich aussehen, wenn ich auf dem Boulevard des Capucines entlangbummel? ... Verflucht noch eins! Machen Sie sich über mich lustig?«[16], echauffiert sich der Kritiker Louis Leroy vor Monets Bild des *Boulevard des Capucines* (Abb. S. 33), das bei der ersten gemeinsamen Ausstellung der Künstler im April des Jahres 1874 gezeigt wird.

Nachdem sie über zehn Jahre lang fortwährend von den offiziellen Stellen abgelehnt worden waren, hatten die Maler beschlossen, die Sache selbst in die Hand zu nehmen. Als »Anonyme Künstlervereinigung von Malern, Bildhauern, Graphikern u. a.« fanden sich neben Monet und Renoir die Maler Pis-

Impression, Sonnenaufgang, 1873
Die von Monet im Hafen von Le Havre gemalte Morgenstimmung gibt der neuen Bewegung ihren Namen. Der Kritiker Leroy treibt sein Wortspiel mit dem Ausdruck »Impression« und fügt spöttisch hinzu: »Eine Tapete im Urzustand ist ausgearbeiteter als dieses Seestück.«

In den ehemaligen Atelierräumen des Photographen Nadar am eleganten Boulevard des Capucines findet am 15. April 1874 die Eröffnung der ersten Gruppenausstellung der neu gegründeten Künstlervereinigung statt.

Detail aus *Boulevard des Capucines*

Boulevard des Capucines, 1873
Den wogenden, nicht für einen Moment abbrechenden Strom von Passanten und Equipagen auf dem mondänen Boulevard gibt Monet in einer vibrierenden Tupfenschrift als flirrende Impression aus Dunst und Licht wieder. Mit seinem Blick über das Bild schweifend, erfaßt der Betrachter den Eindruck – die Impression – des Ganzen, ohne bei einzelnen Figuren und Details zu verweilen.

sarro, Sisley, Degas, Cezanne und zahlreiche andere zusammen, um erstmals unabhängig vom Salon ihre Arbeiten zu zeigen. Die Ausstellung wird jedoch alles andere als ein Publikumserfolg. Während in den Salon täglich 8000 bis 10 000 Besucher strömen, finden sich in der Gruppenausstellung am ersten Tag 175 und am letzten Tag nur noch 54 ein, von denen der größte Teil obendrein nur zum Amusement vorbeischaut. Hier jedoch bekommt die Gruppe den Namen, unter dem die gemeinsame Richtung fortan zusammengefaßt werden wird: »Ausstellung der Impressionisten« überschreibt der Schriftsteller und Landschaftsmaler Louis Leroy seinen in der satirischen Zeitschrift »Charivari« erscheinenden Verriß und greift damit den Titel des von Monet ausgestellten Seestücks *Impression, Sonnenaufgang* (Abb. S. 31) auf: »Impression – wußt ichs doch! Gerade habe ich zu mir gesagt, wenn ich impressioniert bin, muß da eine Impression vorliegen. Und welche Freiheit, welche Leichtigkeit des Pinsels! Eine Tapete im Urzustand ist ausgearbeiteter als dieses Seestück.«

In der *Impression* hat Monet mit dünner Farbe in zarten Strichen seinen Eindruck eines Morgens im Hafen von Le Havre geschildert und mit wenigen, beherzten Strichen die orangen Reflexe der Sonne in die vielfältig gebrochenen Grautöne gesetzt. Auch wenn die Umrisse der Masten und Schornsteine im Nebel verschwinden, so bilden sie dennoch eine graphische Struktur, eine Komposition aus Vertikalen und Diagonalen, die die Flächen gliedern und beleben. Der lockere Strich, die Skizzenhaftigkeit, durch welche die Wahrnehmung des Augenblicks so unmittelbar umgesetzt wurde, ist für das Publikum skandalös und wird als brutal und roh empfunden.

Die zunächst als Spottname gemeinte Bezeichnung der Gruppe wird bald akzeptiert, und schon wenige Tage nach dem Artikel im »Charivari« schreibt ein den jungen Malern wohlgesonnener Kritiker: »Wollte man mit einem Wort ihre Absichten charakterisieren, müßte man den neuen Begriff Impressionisten schaffen. Sie sind Impressionisten in dem Sinne, daß sie nicht eine Landschaft wiedergeben, sondern den von ihr hervorgerufenen Eindruck.«[17]

Der Impressionismus stellt sich uns heute nicht als revolutionärer Bruch oder die Leistung eines einzigen Malers dar, sondern als eine Fortentwicklung von Ideen, Techniken und Beobachtungen, die bereits während der ersten Hälfte des 19. Jahrhunderts immer wieder auftauchten, allerdings erst von Monet und seinen Freunden in einer zuvor noch nicht dagewesenen Radikalität formuliert wurden. Impression heißt dabei, einen Augenblick – im Wortsinn einen Blick der Augen – lang eine Landschaft, ein Motiv aufzunehmen. Bei einem solchen Blick nimmt das Auge nicht den Reichtum an Details wahr. Erst wenn man sich Zeit nimmt und mit den Augen beispielsweise die Häuser oder das Gewühl der Passanten abtastet, nimmt man einzelne Fenster, Bauschmuck, einen modischen Hut oder ein würdevolles Gesicht wahr – nun allerdings holt das Gehirn immer mehr die Augen ein und verwischt den ersten Eindruck und setzt an seine Stelle Erfahrungen, Konvention oder Phantasie. Um den ersten Eindruck jedoch, um diese Frische des Sehens, ohne ein Einteilen in Kategorien und traditionelle Vorgaben, ging es den Impressionisten, insbesondere Monet: Er öffnete die Augen, sah die farbigen Massen, die Oberflächen, die Luft in ihrer Wiedergabe durch das Licht und bannte diesen Eindruck auf die Leinwand. »Er war nur ein Auge, aber was für ein Auge«, – dieser Ausspruch, mit dem Paul Cézanne seinen Kollegen charakterisierte, wird immer wieder angeführt, um Monets zentrales Anliegen deutlich zu machen. Diese Augenblicklichkeit, l'Instantanéité, wie er es später nennen wird, wiederzugeben ist seine Lebensaufgabe. Sie wird ihn immer wieder auch zur Verzweiflung bringen, denn im Festhalten des eigentlich Flüchtigen liegt ein nicht zu bewältigender Widerspruch.

Die Brücken von Argenteuil

So verklärt und nostalgisch uns heute die rauschenden Roben der zierlich ihre Schirmchen schwingenden Damen erscheinen mögen, die Müßiggänger beim Waldfrühstück oder der Badeplatz von Bougival, so modern waren sie für die Zeitgenossen Monets. »D'être de son temps«, seiner Zeit entsprechen, war die Devise, mit der eine ganze Generation von Malern den akademischen Vorlieben für antike Helden und ritterliche Romanzen entgegentraten. Nur wenige Maler haben diesen Willen zur Aktualität in ihren Bildern so konsequent umgesetzt wie Monet. Er äußert sich in der frappierenden Nähe seiner frühen Figurenbilder zu Abbildungen aus zeitgenössischen Modezeitschriften und den Huldigungen an das modernisierte Stadtbild von Paris genauso wie in den qualmenden Schornsteinen von Le Havre und den Darstellungen des modernen Freizeitvergnügens.

Im Herbst 1871, nach dem Ende des Deutsch-Französischen Krieges, zieht Monet nach Argenteuil. Er hatte die Kriegsjahre in London verbracht, um der Einberufung zu entgehen. Mit Camille, die er im Jahr zuvor geheiratet hat, und seinem kleinen Sohn Jean mietet er sich nun in einem Haus mit Garten ein. Als eine »sehr hübsche Stadt in angenehmer Lage, errichtet auf einem kleinen Hügel, der sich mit Weinstöcken bepflanzt bis zum rechten Rand des Seineufers herabsenkt«[18], beschreibt eine zeitgenössische Quelle den etwa zehn Kilometer nordöstlich von Paris liegenden Vorort. Wie Bougival und Asnières ist er am Wochenende ein Ausflugsziel der Pariser. Segelregatten mit eleganten Städtern, Vergnügungslokale und Badestellen, aber auch unberührte Mohnfelder und träge in der Sonne dümpelnde Ruderboote bieten den Malern zahllose Motive und lassen Argenteuil in den kommenden Jahren zum Eldorado der Impressionisten werden.

Unterbrochen durch kurze Arbeitsaufenthalte in Holland und der Normandie sowie in Paris lebt und malt Monet hier bis zu seiner Übersiedlung nach Vétheuil im Jahre 1878. Das Geld, das Camille als Mitgift in die gemeinsame Verbindung mitbringt, und die Erbschaft, die Monet nach dem Tod des Vaters antritt, ermöglichen der kleinen Familie erstmals ein gemeinsames Zusammenleben in bürgerlichem Wohlstand. Zudem unterstützt ihn der Kunsthändler Paul Durand-Ruel, den Monet in London kennengelernt hat. Er kauft nun regelmäßig Bilder von Monet, auch wenn es zunächst schwierig für ihn ist, seinerseits Käufer dafür zu finden. Briefe und sorgfältig geführte Rechnungsbücher dokumentieren die Lebensumstände der Familie Monet: Zumindest bis zur Mitte des Jahrzehnts leben die Monets in unbeschwerten Verhältnissen, man kann sich sogar zwei Dienstboten und einen Gärtner leisten. Die Lebensumstände der »bonne bourgeoisie« spiegeln sich auch in den intimen Gemälden dieser Zeit: *Das Mittagsmahl* (Abb. S. 36) zeigt uns Camille und den kleinen Jean in der sommerlichen Fülle des gepflegten Gartens. Kostbare chinesische Tassen und eine silberne Kanne auf dem mit

Eisenbahnbrücke bei Argenteuil, 1873
Zum utopischen Monument einer neu anbrechenden Zeit – der Moderne – wird die Eisenbahnbrücke von Argenteuil in Monets Bild. Über sie gelangen nicht nur die städtischen Müßiggänger aufs Land, sondern auch neue Industrien in die Vororte.

Detail aus *Eisenbahnbrücke bei Argenteuil*

weißem Tuch umschlagenen Tisch, die sommerlichen Kleider der promenierenden Frauen und der in den Zweigen baumelnde Sonnenhut deuten auf
einen Müßiggang hin, wie er ohne einen gewissen Wohlstand nicht denkbar
wäre. Auf dem Bild *Jean Monet im Haus des Künstlers* (Abb. S. 37), das
Einblick gewährt in den schattigen Innenraum des Hauses, sprechen der
schwere Kronleuchter, das blankgebohnerte Parkett und die Matrosenklei-
dung des kleinen Jean vom Wohlstand dieser Jahre.

Monet pflegt Beziehungen zu Händlern und Sammlern und lädt sich gerne
Freunde ein: Renoir und Pissarro besuchen ihn, und Manet läßt sich hier von
den Vorzügen der Freilichtmalerei, die er jahrelang bespöttelte, überzeugen.
In Argenteuil trifft Monet auch den Maler Gustave Caillebotte. Dieser ist
durch eine Erbschaft finanziell unabhängig und wird in den folgenden Jahren
zu einem der ersten großen Sammler impressionistischer Bilder. Immer wieder greift er Monet und den anderen Malerkollegen unter die Arme und
ermöglicht ihnen Ausstellungen. Mit seinem Tod 1894 geht seine großartige
Sammlung, zu der allein 16 Arbeiten Monets zählen, darunter Hauptwerke
wie *Der Bahnhof Saint-Lazare* (Abb. S. 41), *Das Mittagsmahl* (Abb. S. 36)
und *Regatta in Argenteuil* (Abb. S. 26), in den Besitz des französischen Staats

über. Es dauert lange, bis sich die offiziellen Stellen überwinden und wenigstens einen Teil der Sammlung ausstellen. Die Schenkung Caillebottes bildet den Grundstock der Impressionisten-Sammlung des Pariser Louvre, die heute im Musée d'Orsay ausgestellt werden.

In Argenteuil läßt Monet zum ersten Mal seine Barke zu Wasser: Das breite Ruderboot hat er sich mit einer Kabine und einem markisenartigen Stoffdach, das zum Schutz vor der Sonne ausgerollt werden kann, zum Atelier ausgebaut. Monet greift hier auf eine Idee des Landschaftsmalers Daubigny zurück, der fünfzehn Jahre früher von seinem »Botin« aus auf der Seine und der Oise malte.

Monets Atelierboot ist auf einigen seiner Gemälde abgebildet und wird 1874 auch von Manet gemalt (Abb. S. 38). In seinem Boot malt Monet das Wasser vom Wasser aus, begibt sich direkt hinein ins Motiv. Den durchs Schilf streifenden Wind und das sich leise bewegende Wasser suggeriert er mit einer Unmittelbarkeit, die den Betrachter in den Landschaften versinken

ABBILDUNG GEGENÜBER OBEN:
Das Mittagsmahl, 1873

ABBILDUNG GEGENÜBER UNTEN:
Auguste Renoir, *Monet beim Malen in seinem Garten in Argenteuil,* 1873

Jean Monet im Haus des Künstlers, 1875
Eine goldene Zeit für Monet und seine kleine Familie sind die ersten Jahre in Argenteuil. Für eine Weile finanziell abgesichert, findet der Maler in einem hübschen Haus mit Garten Ruhe und Muße, um seine leuchtendsten Bilder zu malen.

läßt. Wie bei der *Seinebrücke von Argenteuil* (Abb. S. 40) oder dem *Mohnfeld bei Argenteuil* (Abb. S. 39) ganz deutlich wird, führt das Malen im Motiv dazu, daß die nach rechts und links, nach vorne und hinten unbegrenzten Landschaften sich in alle Richtungen fortsetzen und über den Bildrand hinaus weitergedacht werden können.

Argenteuil ist nicht nur Naherholungsort, sondern seit Mitte des Jahrhunderts auch ein florierender Industrieort. Für die Impressionisten ist dies eine zusätzliche Attraktion, denn die Industrie zeichnet diesen Ort als zeitgemäß aus. Zwei Brücken über die Seine sichern den Anschluß an die Großstadt. Monet malt beide Brücken. Die ältere Brücke (Abb. S. 40) war ehemals aus Holz und Stein gebaut und wurde, nachdem sie im Krieg von 1870/71 zerstört worden war, in ihrem alten Charakter wieder aufgebaut. Zwar wurden dabei die Holzbalken durch gußeiserne Träger ersetzt, doch legte man großen Wert auf eine dekorative, wie Handarbeit wirkende Gestaltung. Die zweite Brücke (Abb. S. 34, 40) war eine Eisenbahnbrücke, durch diese Funktion wie durch die Baumaterialien – Beton und vorgefertigte Eisenteile – ein höchst moderner Bau, der bei den Einheimischen nicht unumstritten war: Die einen sahen in der Brücke ein elegantes, zukunftweisendes Bauwerk, die anderen nannten sie einen »häßlichen Tunnel ohne Dach«.

In Monets Bildern wird der ganz unterschiedliche Charakter der beiden Brücken sofort offensichtlich: Die Darstellungen des modernen Ingenieurbaus mit seiner fluchtenden Perspektive und dem kühlen, fast metallischen Licht sind getragen von einer unverstellten Faszination für moderne Technik, industrielle Entwicklung und Geschwindigkeit, die in der Eisenbahn ein Symbol findet. Auf einem der Bilder Monets wird die Eisenbahnbrücke zum strahlenden Monument einer neu anbrechenden Zeit (Abb. S. 34).

Der Charakter der alten Brücke ist geruhsamer. In ihren Formen ein historisches Monument aus der Juli-Monarchie, dem »Age d'or« des Großbürgertums, ist auch ihre Funktion noch traditionell: Fußgänger und Pferdefuhrwerke ziehen gemächlich hinüber – vielleicht zum nächsten Ausflugslokal oder Badeplatz (Abb. S. 40). Im Nachmittagslicht wiedergegeben, ist die

Edouard Manet, *Claude Monet und seine Frau im Atelierboot (Die Barke),* 1874
Bei einem Besuch in Argenteuil malt Manet den Freund, wie er von seinem Boot aus die Uferlandschaft studiert. Im Durchgang zur Bootskabine sitzt still und zurückhaltend Camille und leistet Monet Gesellschaft.

Das Atelierboot, 1874

Brücke von behäbiger Gegenwärtigkeit. Wie jeder Brückenschlag bedeutet jedoch auch sie ein Überwinden der Natur und ist ein Zeichen ihrer Domestizierung, ein Zeichen für Zivilisation. Es gibt überhaupt weder Wildes in den Landschaften aus Argenteuil noch arkadische Lieblichkeit. Die Landschaften, die Monet hier malt, sind sonnig und heiter, friedlich und harmonisch, ohne die Gegenwart auszublenden. Sie sind zivilisiert.

Der Betrachter der Bilder Monets neigt dazu, von der Unmittelbarkeit der Motive auszugehen, er glaubt, in den Bildern quasi Schnappschüsse eines Moments zu sehen. Dabei übersieht man leicht, daß diese Bilder in ihrer Komposition häufig sehr gebaut, fast konstruiert sind. Auffällig oft setzt Monet eine Achsensymmetrie ein, die von den akademischen Malern tunlichst vermieden wurde. Denn dieses Kompositionsprinzip bedingt eine flächige Wirkung, die auf Kosten räumlicher Illusion geht. Das aber macht es für Monet interessant. Er sucht gerade diese das gesamte Bild zu einem Gewebe verspannende Flächigkeit. An dem Münchener Bild der *Brücke von Argenteuil* (Abb. S. 40) wird dies ganz deutlich: Monet verschränkt hier strikte Horizontalen und Vertikalen und bindet die Komposition so in einer festgefügten Struktur an die Fläche. Durch die Farbe jedoch, die diese Struktur umspielt, hebt er die Flächigkeit wieder ins Räumliche auf: Die Pfeilerstirn setzt sich durch ihren hellen Ockerton prägnant vom Grau-Grün der Flanken ab; ebenso das Netz der Bogenkonstruktionen. Und auch im Wasser stehen

Mohnfeld bei Argenteuil, 1873
»Als ein wahrer Pariser, nimmt er Paris mit aufs Land«, hatte Emile Zola über den frühen Monet geschrieben. »Er kann keine Landschaft malen ohne Damen und Herren in großer Garderobe hineinzusetzen. Die Natur scheint für ihn uninteressant zu werden, wenn sie nicht die Prägung unserer Lebensgewohnheiten trägt.« Doch mit den Jahren verschwinden die Figuren in seinen Landschaften, und die Zeichen der Zivilisation weichen dem unverstellten Natureindruck.

Seinebrücke bei Argenteuil, 1874
Im Licht eines Sommernachmittags lagert be-
häbig und breit die Straßenbrücke von Argenteuil. Während ihr mittlerer Bogen den
Ausblick in die fruchtbaren Hügel des Seine-
tals rahmt, glänzt durch den rechten Bogen
die Konstruktion der neuen Eisenbahnbrücke
hindurch.

zwei Blauwerte nebeneinander. Der dunklere Farbwert schiebt dabei immer
den hellen vor, bzw. der helle drückt sich vom dunklen ab. So entsteht innerhalb der flächigen Linienkonstruktion auf malerische Art, das heißt auf farbli-
che Wirkungen setzend, eine klare Plastizität der dargestellten Formen und
eine Tiefe des Bildraumes.

Ein ähnliches Prinzip läßt sich bei den Bildern beobachten, die Monet 1877
vom Bahnhof Saint-Lazare malt (Abb. S. 41). Der Bahnhof faszinierte den
Maler schon lange, und wenn man der Schilderung glauben darf, die Renoir
von Monets Inbesitznahme des Bahnhofs überlieferte, verfolgte er sein Ziel,
ihn malen zu dürfen, mit einer gewissen Unverfrorenheit: »Er zog seine
schönsten Kleider an, zupfte die Spitzen seiner Manschetten zurecht und

Eisenbahnbrücke bei Argenteuil, 1873
Die moderne, erst in den sechziger Jahren
entstandene Eisenbahnbrücke malt Monet im
Gegenlicht des neu anbrechenden Tages.

überreichte, nachlässig das Stöckchen mit Goldknauf schwingend, dem Direktor der Eisenbahnlinie West am Bahnhof Saint-Lazare seine Visitenkarte. Der Amtsdiener erstarrte, er führte ihn sofort herein. Die hochstehende Persönlichkeit bat den Besucher, Platz zu nehmen, der sich mit großer Schlichtheit vorstellte. ›Ich bin der Maler Claude Monet.‹ Der Direktor hatte keine Ahnung von Malerei, wagte aber nicht, das einzugestehen. Monet ließ ihn einen Augenblick zappeln, ehe er ihm die große Neuigkeit mitzuteilen geruhte. ›Ich habe beschlossen, Ihren Bahnhof zu malen. Lange zögerte ich zwischen der Gare du Nord und dem Ihrigen, aber ich glaube nun doch, Ihrer hat mehr Charakter.‹ Monet erreichte alles, was er wollte. Man hielt Züge an, sperrte Bahnsteige und stopfte die Lokomotiven mit Kohlen voll, damit sie so viel Dampf ausspien, wie es Monet beliebte. Tyrannisch richtete er sich im Bahnhof ein, malte tagelang unter allgemeiner Andacht und zog schließlich mit einem halben Dutzend Bildern wieder von dannen«[19]

Wie bei den Brückenbildern sucht Monet auch in seinen Bildern des Bahnhofs Saint-Lazare wieder die durch den Ingenieurbau vorgegebenen linearen Strukturen. Wieder umspielt er sie durch Rauch, Dampf und einfallendes Sonnenlicht und macht sie so räumlich wirksam. Wesentliche Anregungen zu

Der Bahnhof Saint-Lazare, Ankunft eines Zuges, 1877
Wie bei den Brückenbildern sucht Monet auch in seinen Bildern des Bahnhofs Saint-Lazare die durch den Ingenieurbau vorgegebenen linearen Strukturen. Von Rauch, Dampf und dem einfallenden Sonnenlicht umspielt, wird der Bahnhof zur Kathedrale des technischen Zeitalters.

Die Kohlenträger, 1875
Im Gemälde der unter einer Brücke angelegten Kohlefrachter zeigt sich, wie Monet unter
dem Einfluß japanischer Holzschnitte die einzelnen Gegenstände und Figuren zu einer git-
terartigen Bildstruktur verspannt. In einer
rhythmischen Verkettung erstreckt sich das
Motiv über die gesamte Fläche.

solchen Kompositionen erhielt er durch japanische Holzschnitte, die er späte-
stens seit seinem Aufenthalt in Holland 1871 sammelte. Er brachte von dort
eine Sammlung solcher Blätter mit und griff immer wieder auf hier angelegte
Kompositionen zurück. Es waren die damals für westliche Augen höchst ungewöhnlichen Flächengestaltungen, die kühn angeschnittenen Gegenstände
und die aus der Bildmitte verschobenen Hauptmotive, die den Maler an den
Holzschnitten fesselten. In seinem Bild der *Kohlenträger* (Abb. S. 42) wird
ganz offensichtlich, wie Monet die einzelnen Gegenstände zu einer gitterarti-
gen Bildstruktur verspannt. In einer rhythmischen Verkettung erstreckt sich
das Bildmotiv über die gesamte Fläche.

Erst in der Mitte des Jahrhunderts hatte sich Japan nach dem Westen
geöffnet. Der Japonismus wurde in den westlichen Metropolen schnell zu
einer Mode. Monet schwelgte geradezu im Japonismus, als er *Camille im
japanischen Kostüm* (Abb. S. 43) malte. In eine prachtvoll leuchtende Robe
gehüllt, deren plastische Stickereien lebendig zu werden scheinen, dreht sie
sich zum Maler um. Die Haltung ähnelt der *Camille . . . im grünen Kleid*
(Abb. S. 15), doch ist sie hier nicht auf dem Sprung, sondern nimmt sich Zeit,
scherzt kokett mit dem Betrachter und fächelt sich Luft zu. Ein gutes Dutzend
lose an der Wand verteilter japanisch bemalter Fächer scheinen außer Rand
und Band geraten zu sein. Das Bild wird leicht als ein Zugeständnis an den
Publikumsgeschmack und dessen Hang zum Japanischen gesehen, und tatsächlich konnte Monet das Bild auf der zweiten Impressionistenausstellung
für respektable 2000 Francs verkaufen. Es ist sicher in seiner zwar duftigen,
aber auffällig geschlossenen Malweise konventioneller gemalt als andere Bilder, etwa als der gleichzeitig entstandene *Spaziergang* (Abb. S. 24). Doch hat
Monet der ohnehin so ganz und gar unjapanischen Camille auch noch eine
blonde Perücke aufgesetzt und ihr die Farben der Trikolore, der französischen Fahne, in die Hand gedrückt. Nicht nur in seiner Malweise hat Monet
sich hier verstellt – das ganze Bild ist ein Mummenschanz, eine leuchtend
grelle Travestie auf die Pariser Mode »à la japonaise«.

Utagawa Hiroshige, *Die Küste von Kujukuri
in der Provinz Kazusa,* 1853–56

*La Japonaise (Camille im japanischen Ko-
stüm),* 1875

Winter in Vétheuil

Bereits die letzten Jahre in Argenteuil waren gekennzeichnet von großen finanziellen Schwierigkeiten, die sich immer mehr auf Monets Motivation auswirkten. Durand-Ruel hatte seine Bilderlager gefüllt, und er mußte die Neuankäufe auf ein Minimum beschränken, da er kaum Käufer fand. Insgesamt wurde die wirtschaftliche Lage schlechter. Nachdem es zuerst einen sprunghaften Aufschwung gegeben hatte, wurden die Auswirkungen des verlorenen Krieges um die Mitte der siebziger Jahre spürbar. Die fast jedes Jahr stattfindenden Gruppenausstellungen der Impressionisten wurden nach wie vor schlecht besucht und von der offiziellen Kritik mit Häme überschüttet. »Die Rue Le Peletier hat eine Pechsträhne. Erst brennt die Oper und nun hat das Schicksal wieder zugeschlagen. Eine Ausstellung sogenannter Malerei ist gerade bei Durand-Ruel eröffnet worden. . . . Fünf oder sechs Wahnsinnige, darunter eine Frau, haben, vom Ehrgeiz verblendet, hier ihre Werke ausgestellt. Diese selbsternannten Künstler nennen sich Umstürzler, Impressionisten; sie nehmen Leinwand, Farbe und Pinsel, werfen wahllos Farbe drauf und signieren das Ganze.«[20] Kritiken wie diese sind nicht nur von anekdotischem Interesse, sondern offenbaren eine Kultur des Verrisses, die für das Feuilleton dieser Jahre sehr typisch ist. Die Kritiker schrieben mit spitzer Feder und waren gerade wegen ihres sarkastischen und überheblichen Urteils beim gebildeten Publikum höchst beliebt. Sie gaben vor, die Werte der akademischen, spezifisch französischen Kunst zu verteidigen, und konnten dabei – oft genug nur einer Pointe zuliebe – das Leben eines Malers ruinieren. Mit ihrem Urteil nahmen sie nicht nur Einfluß auf den Ruf des Künstlers, sondern auch darauf, ob sich dessen Arbeiten verkaufen ließen, oder ob, wie es bei den Impressionisten über zwanzig Jahre lang der Fall war, die wenigen Sammler und Förderer damit rechnen mußten, als schwachsinnig oder zumindest augenkrank ausgegrenzt zu werden.

Einer dieser Förderer, der sich über solche Urteile hinwegsetzte, war Ernest Hoschedé. Der reiche Kaufhaus- und Schloßbesitzer hatte schon relativ früh und nicht ohne spekulativen Hintersinn eine beachtliche Sammlung impressionistischer Gemälde zusammengetragen. Im Sommer 1876 beauftragte er Monet mit Tafelbildern für einen Salon auf Schloß Montgeron. Ein Jahr später aber muß Hoschedé Konkurs anmelden. Bei der Zwangsversteigerung seiner Sammlung werden Bilder Monets zu extrem niedrigen Preisen versteigert. Das Bild *Impression, Sonnenaufgang* (Abb. S. 31) zum Beispiel, für das Hoschedé im Jahr der ersten Impressionistenausstellung 800 Francs bezahlt hat, wechselt nun für ein Viertel des Preises seinen Besitzer. Die Auktion ist für die Impressionisten eine Katastrophe. Der mit ihr in aller Öffentlichkeit dokumentierte Einsturz der Preise, die sich erst ganz zaghaft zu konsolidieren begonnen hatten, gibt Monet das Gefühl, nochmal ganz von vorne anfangen zu müssen. Er geht auf die Vierzig zu und steht, wo er bereits zehn Jahre

Bildnis Camille Monet (?), um 1867
Wahrscheinlich gibt diese Rötelzeichnung, eine der wenigen überlieferten Zeichnungen des Malers überhaupt, Camille Doncieux wieder – Monets Geliebte, Ehefrau und Mutter seiner beiden Söhne. Die Identität der Dargestellten und der Entstehungszeitpunkt des Blattes konnten jedoch bis heute nicht genau geklärt werden.

Die Kirche von Vétheuil, Winter, 1879

Camille Monet auf dem Totenbett, 1879
In den ersten Sonnenstrahlen des neu anbrechenden Tages malt Monet seine verstorbene
Frau. Dieses Bild ist kein übliches Totenbild-
nis, mit dem die Züge eines geliebten verstor-
benen Menschen festgehalten werden, sondern das intime Zeugnis schwerster Stunden.

zuvor stand: »Es geht immer schlechter. Seit vorgestern habe ich keinen Sou
mehr und nirgends mehr Kredit – weder beim Metzger noch beim Bäcker.
Wenn ich auch auf die Zukunft vertraue, so ist doch die Gegenwart sehr
mühsam. . . . Könnten Sie mir nicht umgehend 20 Francs schicken? Das würde
mir für den Moment helfen.«[21] Unzählige Bittbriefe schreibt Monet in der
zweiten Hälfte der siebziger Jahre – diesen an Manet, andere an Durand-Ruel
und andere Förderer und Freunde. Der sonst so stolze und energische Maler
klagt und jammert, erniedrigt sich selbst und verflucht sein Werk. Monet
entwickelt, durch die äußeren Umstände gezwungen, fast so etwas wie eine
Rhetorik des Bettelbriefes und bekniet seine wenigen Sammler, ihm ganze
Konvolute von Gemälden zu Spottpreisen abzunehmen. Nachdem er vorübergehend in Paris gelebt hat, zieht die Familie, zu der seit März der zweite
Sohn Michel gehört, im Sommer 1878 in ein Häuschen in Vétheuil ein. Die
bankrotten Hoschedés schließen sich mit ihren sechs Kindern an.

Ein paar sonnige Herbsttage geben Monet wieder neuen Mut: »Ich habe
meine Zelte am Ufer der Seine bei Vétheuil aufgeschlagen, in einer bezau-
bernden Umgebung«[22], schreibt er und malt von seinem Atelierboot die Ufer

Der Eisgang bei Vétheuil, 1880

Der harte Winter 1879/80 und ein plötzlich einbrechendes Tauwetter verändern den heiteren Fluß: Eisschollen schieben sich über das langsam wieder erwachende Gewässer. Die Weiden und Büsche am Ufer und die Pappeln im Hintergrund greifen wie müde Finger in den diffusen Himmel, der nie wieder hell zu werden scheint.

Vétheuil im Nebel, 1879

Nur schemenhaft zeichnet sich die Silhouette des Dorfes im Morgendunst ab. Jean-Baptiste Faure, gefeierter Bariton der Pariser Oper und einer der ersten Sammler impressionistischer Werke, hatte dieses Gemälde bei Monet erworben und schnell wieder zurückgebracht: Ihm selber gefalle es durchaus, doch seine Freunde hörten nicht auf, ihn auszulachen, weil auf dem Bild nichts drauf sei. Bis zu seinem Lebensende behält es Monet, und er ist für kein Geld der Welt bereit, es nochmals zu verkaufen.

Paul Durand-Ruel, zehn Jahre älter als Monet, war der Sohn eines Pariser Kunsthändlers. Im Laden der Eltern ausgebildet, wurde er selbst zum einflußreichsten Händler der Impressionisten.

der Seine und das kleine Dorf mit seiner romanischen Kirche. Doch die wirtschaftliche Situation bleibt schlecht, ja verzweifelt. Am Jahresende schreibt Monet: »Ich bin kein Anfänger mehr, und es ist schrecklich, in meinem Alter in einer solchen Lage zu sein, immer betteln und Käufer belästigen zu müssen. Am Jahreswechsel empfinde ich mein Unglück doppelt hart, denn 79 beginnt, wie dieses Jahr endet, in völliger Niedergeschlagenheit, besonders wegen meiner Lieben, denen ich nicht das kleinste Geschenk machen kann.«[23]

Offensichtlich durch eine mißglückte Abtreibung verursacht, ist seine Frau bereits seit geraumer Zeit geschwächt und wird sich nicht wieder erholen. Camille Doncieux, Monets einziges Modell, seine Frau im grünen Rock, die mit Sonnenschirm und flatterndem Sommerkleid über Wiesen und Mohnfelder flanierte (Abb. S. 24) und so zur sonnenbeschienenen Muse, zur Personifikation des Impressionismus schlechthin wurde, stirbt am 5. September 1879. Nur 32 Jahre alt, läßt sie zwei kleine Söhne und einen verzweifelten, beständig mit sich und der Welt hadernden Mann zurück. »Einmal befand ich mich bei Tagesanbruch am Kopfende des Bettes einer Toten, die mir sehr teuer war und es stets bleiben wird. Meine Augen hafteten starr an der tragischen Schläfe, und ich ertappte mich dabei, wie ich dem Tode in den Schattierungen des Kolorits folgte, das er in allmählichen Abstufungen dem Antlitz auflegte. Blaue, gelbe, graue Töne, was weiß ich. So weit war es mit mir gekommen. Ganz natürlich war der Wunsch in mir rege geworden, das Bild von ihr festzuhalten, die für immer von uns ging. Doch ehe mir der Gedanke kam, die mir so lieben, vertrauten Züge aufzuzeichnen, vollzog sich vorher in mir automatisch die organische Erschütterung durch die Farbe, und die Reflexe nahmen mich wider meinen Willen während eines unbewußten Vorganges gefangen, in dem der alltägliche Lauf meines Lebens einsetzte. So wie das Tier, das seinen Mühlstein dreht. Beklagen Sie mich mein Freund.«[24]

Doch Monets Bild seiner Frau auf ihrem Sterbebett ist mehr als nur eine Lichtstudie. Die individuellen Züge der Camille Doncieux hielt Monet auf

Durand-Ruel führte als erster Händler ein, Künstler mit ihrer Gesamtproduktion unter Vertrag zu nehmen und ihren Lebensunterhalt durch Vorschüsse zu sichern. So erhält Monet in einer finanziell für ihn besonders schwierigen Zeit den mäzenatischen Auftrag, Tafeln mit Blumenstücken für die Türfüllungen des großen Salons in Durand-Ruels Appartement zu malen.

einer seiner wenigen Zeichnungen fest (Abb. S. 45). Ihre ernsten, wachen Augen und ihr einfühlsamer, weicher Mund geben Einblick in die Seele eines warmherzigen und geduldigen Menschen. Auf dem Gemälde jedoch sprechen ihre Züge nicht mehr. Schemenhaft liegt das Gesicht der Toten in den Kissen, scheint zu versinken in einem Grund aus Nacht und eisiger Kälte. Seitlich fällt warmes Sonnenlicht auf das Bett, als wollte der Maler mit diesem Licht, mit diesen ersten morgendlichen Sonnenstrahlen das erstarrte, ausgekühlte Gesicht nochmals erwärmen. Doch einzig einige Blüten des auf ihre Brust gelegten Blumenstraußes beginnen zu glühen. Aufgewühlt, zornig, ungebändigt und zerrissen und doch in einzelnen Passagen von anrührender Zartheit ist Monets Strich in diesem Bild. Es ist dieser Kampf zwischen der Kälte des Todes und dem Sonnenlicht des für die Weiterlebenden neu angebrochenen Tages, der dieses in einer so persönlichen Handschrift gemalte Bild zum Dokument eines erschütternden Abschieds macht.

Wie ein Widerhall auf dieses Erlebnis sind die Bilder, die Monet im folgenden, strengen Winter malt. Schon früher hatte er Schnee gemalt: strahlenden Schnee, der, von einer klaren Wintersonne beschienen, leuchtend blaue Schatten wirft. Aber auch trübe, matschbraune Februartage, durch die vermummte Bauern stapfen, deren naßkalte Füße man förmlich zu spüren

Stilleben mit Birnen und Trauben, 1880
Nur in den Jahren um 1880 spielten für Monet Stilleben eine größere Rolle. Auch wenn seine Früchte- und Blumenstücke viele Bewunderer fanden, so hat er nur wenige davon gemalt.

Hütte des Zollwärters in Varengeville, 1882

scheint. Doch in Vétheuil ist es ein anderer Winter, den er sieht: eisig und grau – vor allem aber unbelebt und einsam. Keinen Vogel und keine Figuren-staffage zeigen die Bilder, nur immer wieder Eisschollen, die aufgetürmten Eisschollen auf dem zugefrorenen Fluß (Abb. S. 47). Die Sonne ist ein kaltes Gestirn. Es ist, als reiche die schmerzliche Erfahrung des Todes in diese Landschaften hinein.

In diese Zeit fällt auch die allmähliche Ablösung von den anderen Impres-sionisten, die Monet vorwarfen, aus Eigennutz die Gruppe und ihre Aktivitä-

Hütte des Zollwärters in Varengeville, 1882

ten nicht mehr zu unterstützen. Monet bemüht sich erneut, im Salon auszu-
stellen, und die Jury wählt tatsächlich eines seiner Bilder aus, hängt es jedoch
weit nach oben. Im Winter 1881/82 zieht Monet erneut um, diesmal nach
Poissy, keinem Dorf, sondern einer etwa 20 Kilometer von Paris liegenden
Kleinstadt. Trotz des anfänglichen Unbehagens am neuen, landschaftlich wenig reizvollen Domizil – nach seinem Umzug schreibt er seinem Galeristen:
»bis heute hat mich Poissy überhaupt nicht inspiriert« – wird das Jahr 1882
produktiv. Auf mehreren Reisen an die normannische Küste malt Monet aus
unterschiedlichsten Blickpunkten und zu verschiedenen Tageszeiten die *Hütte
des Zollwärters in Varengeville* (Abb. S. 50) sowie eine kleine, über dem Meer
thronende Kapelle und immer wieder die Felsen der Steilküste. Dabei sind
ihm die Felsen nicht nur Motiv, sondern auch Podest für ungewöhnliche
Blickwinkel auf seine Motive. Hier an der Küste werden die Ansätze zur Serie
ganz deutlich.

»Das ist ein echter Monet«, soll Rodin gerufen haben, als er das erste Mal
das Meer gesehen hat. In den folgenden Jahren wird der Maler des Flusses
zum Maler des Meeres. Er hält einsame Zwiesprache mit dem Motiv. In
eisiger Kälte, verpackt in Decken und Mäntel, von Gischt und Brandung
umsprüht, muß man sich Monet vorstellen, wie er das Meer studiert. Er rückt

Spaziergang über die Felsen von Pourville,
1882
Die Klippen der normannischen Steilküste
fesselten Monet nicht nur wegen ihrer von
Licht und Schatten bewegten und durch Blumen und Gräser belebten Oberfläche, sondern ermöglichten ihm auch ungewöhnliche
Blickwinkel auf seine Motive.

Die »Pyramiden« bei Port-Coton, 1886
Aus der Bretagne schreibt Monet im Winter
1886 an Durand-Ruel: »Das Meer ist un-
glaublich schön und von fantastischen Felsen
begleitet (...) Ich bin von dieser unheimli-
chen Gegend begeistert, und zwar vor allem
darum, weil sie mich zwingt, über das, was ich
sonst mache, hinauszugehen. Ich muß zuge-
ben, daß ich große Mühe habe, diesen düste-
ren und schrecklichen Aspekt wiederzugeben.«

den monumentalen Motiven immer näher. Die hohen Felswände werden zu
Projektionsflächen des Lichts, an denen die Reflexe des Wassers in Wider-
streit treten zum Sonnenlicht. Die *Manneporte* (Abb. S. 53), ein riesiger Fels-
bogen bei Etretat, mißt sich in elementarer Wucht mit dem Wasser und der
Weite des Ozeans. Monet trotzt dem Wetter jedes Motiv ab – und gibt nicht
auf. Wie schon in früheren Jahren, wie schon im Kampf mit dem Vater, den
blasierten Kritikern und dem voreingenommenen Publikum – immer sind es
die Widerstände, an denen er wächst. In Etretat und Belle-Ile findet der
Maler seine Motive in den kargen Felsen, im aufgewühlten Meer und im
ständig seine Farbe und Helligkeit wechselnden Himmel. Unentwegt ist er
dem sich ändernden Licht auf der Spur. Die Menschen allerdings sind aus
Monets Bildern nun gänzlich verschwunden. Und genaugenommen war Monet – anders als Manet oder Degas – nie ein Menschenmaler. In seinen frühen
Bildern hat ihn das durch ein Schirmchen auf eine Figur fallende Sonnenlicht
weitaus mehr interessiert als die Figur selbst. Später kam mit den Menschen
der Raum in die Bilder, denn durch sie wurde die Weite seiner Landschaften
erst sichtbar. Die Menschen brachten Dynamik und Rhythmus in seine Gemälde, ihre Geschichte aber blieb unbeachtet. Lediglich zwei späte Figurenbilder von Suzanne Hoschedé knüpfen an die am Anfang seiner Laufbahn

Das Felsentor Manneporte bei Etretat, 1886

stehende Idee der menschlichen Figur im Freien an, doch sie sind weniger eigenständige, künstlerische Leistungen als traumverlorene Reminiszenz an die glücklichen Tage von Argenteuil (Abb. S. 56).

Aus Vétheuil geflohen und in Poissy nie zur Ruhe gekommen, mietet Monet 1883 ein Haus in Giverny und zieht dort mit seiner Großfamilie ein. Schnell ist die geringe Habe mit dem Boot über die Seine gebracht, und der Maler, seine beiden Söhne und Alice Hoschedé mit ihren sechs Kindern beleben das geräumige, einfache Landhaus. Für die Familie bricht nun eine ruhigere, eine glückliche Zeit an. Es ist Monets letzter Umzug. In Giverny verbringt er die zweite Hälfte seines Lebens und findet Ruhe und Kraft, um sein Werk zu vollenden. Zu Beginn der achtziger Jahre belebt sich der Markt für die Bilder der Impressionisten. Durand-Ruel setzt sich wieder mit vollem Engagement für die Maler ein, und eine Einzelausstellung in seinen Räumen im Frühjahr 1883 bringt, wenn auch wenige Verkäufe, so doch gute Kritiken. Einige Jahre später wird er in New York eine Galerie eröffnen und dort mit Monets Bildern, vor allem den Ansichten aus Belle-Ile und den Arbeiten, die der Maler von seinen Reisen an die Riviera und die Côte d'Azur mitbringt, großen Erfolg haben.

Konzentration und Wiederholung:
Die Serienbilder

Monet stellte sich manchmal vor, als ein Blinder geboren zu sein, der plötzlich, von einem Moment zum nächsten, zu sehen vermag und zu malen beginnt, ohne zu wissen, was das Objekt vor seinen Augen eigentlich ist. Den ersten, klaren Blick auf das Motiv hielt er für den ehrlichsten, weil dieser am wenigsten von Vorstellungen und Vorurteilen getrübt sei. Das Interesse an diesem unverstellten Blick ließ Monet die atmosphärischen Wirkungen eingehend studieren. Das Motiv ist nicht, was es ist, sondern was das Licht aus ihm macht. Dieser Beobachtung folgend hatte Monet schon früher von ein und demselben Motiv ganz unterschiedliche Ansichten und Stimmungen festgehalten. So malte er die Brücken von Argenteuil an strahlenden Sonnentagen und bei Regen, malte sie als Gesamtansicht oder zog Teile ihrer Struktur nah an sich heran. Vétheuil mit seiner kleinen romanischen Kirche malte er vom gleichen Standpunkt aus sowohl im Nebel als auch in sommerlicher Bläue. Mit den Jahren werden diese atmosphärischen Studien immer systematischer. Monet untersucht nun sein Motiv mit geradezu wissenschaftlicher Akribie: Aus den impressionistischen Studien entwickeln sich die Serien der Heuschober, der Pappeln und schließlich der Ansichten der Westfassade der Kathedrale von Rouen. In Form der Seerosenbilder wird er dieses Prinzip bis an sein Lebensende beibehalten.

Um 1890 arbeitet Monet an einer Serie mit dem schlichten und für den Geschmack der Zeit geradezu einfältigen Motiv der *Heuhaufen* (Abb. S. 58, 59). Mal rückt er näher an das Motiv heran, mal nimmt er einen zweiten Heuhaufen hinzu, doch immer steht im Zentrum dieselbe einfache, kompakte Form. Diese allerdings erschließt sich jedesmal anders, jedesmal neu: In den rot züngelnden Strahlen der untergehenden Sonne löst sie sich vibrierend auf, und als schweigender Klotz lagert sie dumpf im Schneematsch.

Etwa zur gleichen Zeit malt Monet eine Pappelallee am Ufer der Epte (Abb. S. 54, 55). Auch dieses Motiv hält er im Licht ganz unterschiedlicher Tages- und Jahreszeiten fest. Doch im Gegensatz zu den kompakten Heuhaufen sind diese Bilder von einem starken Willen zur linearen Komposition geprägt. In einer den Brücken und Bahnhöfen ganz vergleichbaren Weise verdichtet Monet die kerzengerade in den Himmel führenden Bäume, ihren horizontalen Ufergrund und die wiederum senkrechte Richtung ihrer Spiegelung im Wasser zu einem gitterähnlichen Liniengefüge. Dieses Gitter wird umspielt vom atmosphärischen Schleier der durch den herbstlichen Morgendunst brechenden Sonnenstrahlen. Auf anderen Bildern des Motivs verwandelt das von den Blättern eingefangene, gleißende Licht eines heißen Hochsommertages das Motiv zu einem flirrenden Gewebe.

Auch frühere Künstler haben mehrmals das gleiche Motiv in unterschiedlichen Variationen gemalt. Was Monets Bilder jedoch zu Serien macht, ist ihr Bemühen, eine konstante Bildanlage durch die unterschiedlichsten Zustände

OBEN:
Pappeln, drei rosa Bäume im Herbst, 1891
UNTEN:
Drei Pappeln im Sommer, 1891

Pappeln am Ufer der Epte, 1891

LINKS:

Freilichtstudie, nach rechts gewandte Frau,
1886

RECHTS:

Freilichtstudie, nach links gewandte Frau,
1886
Anstelle von Camille ist es nun seine Stieftochter Suzanne Hoschedé, die ihm im Freien
Modell steht. Mit diesen Pendants – um eine
Serie handelt es sich bei den zwei Gemälden
nicht – macht er es sich zum letzten Mal zur
Aufgabe, Menschen in das Bildformat ausfül-
lender Größe in freier Natur darzustellen.

zu begleiten. Am konsequentesten führt Monet dies bei den Bildern durch,
die er zwischen 1892 und 1894 vor der Kathedrale von Rouen malt (Abb.
S. 60, 61). Der machtvolle Bau, dessen Geschichte bis ins 12. Jahrhundert
zurückreicht, gehört mit seiner spätgotischen, mit reichem Maßwerk und üp-
pigem Figurenschmuck ausgestalteten Westfassade zu den großen Leistungen
des französischen Mittelalters. Monet mietet sich erstmals im Februar 1892 in
einem kleinen Zimmer gegenüber der Westfassade ein. In diesem und im
nächsten Vorfrühling malt er die Kathedrale von drei, sich nur ganz geringfü-
gig unterscheidenden Standpunkten. Wahrscheinlich wären alle dreißig Bilder, die vor der Fassade entstanden sind, in ihren äußeren Koordinaten annä-
hernd deckungsgleich ausgefallen, hätte Monet das zunächst gemietete Zimmer länger behalten können.

Nie zuvor ist ein Maler derartig nah an sein Motiv herangerückt. Der Bildraum wird nicht nur vom Mittelportal und den angeschnittenen Türmen aus-
gefüllt, sondern das Bild ist geradezu die Fassade. Es sind flüchtige Lichtef-
fekte, die Monet hier in den Stunden zwischen dem Moment, bevor sich der
morgendliche Nebel hebt, und dem letzten abendlichen Sonnenstrahl beobachtet hat. Mal taucht der Bau geheimnisvoll aus dem Dunst auf, mal erblüht
seine Fassade im warmen Vormittagslicht oder beleben blitzend die letzten
Strahlen der Abendsonne die filigran gegliederte Fassade.

Monet malt zwei Jahre hintereinander bei sich veränderndem Sonnenstand
zwischen Anfang Februar und Ende April vor dem Motiv und berichtet, daß

einige der von ihm beobachteten Stimmungen nur wenige Minuten andauerten. Im März 1893 schreibt er an Durand-Ruel: »Ich arbeite mit vollen Kräften und kann nicht mal davon träumen, etwas anderes zu machen außer der Kathedrale. Das ist eine gewaltige Arbeit.«[25] Im dritten Jahr überarbeitet Monet dann alle vor der Kathedrale angelegten Ansichten in seinem Atelier. Er malt gleichzeitig an den unterschiedlichen Stimmungen und will, daß keines der Bilder ihn verläßt, bevor die anderen fertig sind. Durch dieses fortwährende Überarbeiten entsteht ein pastoser, körniger Farbauftrag, der die Betrachter der Bilder die Oberfläche mit Mörtel vergleichen ließ. Wenn auch die flüchtige Lichtstimmung eines Augenblicks den Auslöser für jedes einzelne Bild gegeben haben mag, so ist dieses fortgesetzte Überarbeiten im Atelier doch für die Gemälde in ihrer vollendeten Form ebenso verantwortlich wie die Anlage vor Ort. Im Kontrast der einzelnen Bilder zueinander entstehen Harmonien, die auf relativ wenigen, oftmals komplementären Farbklängen aufgebaut sind. Die filigrane Fassade wird zum Anlaß einer rhythmisch bewegten Flächenkomposition.

Bei seinen früheren Lichtstudien in Argenteuil und Vétheuil hatte Monet versucht, sein Auge zu einem neutral registrierenden Apparat werden zu lassen, der quasi-photographische Eindrücke aufnimmt. Auch für die Serien der neunziger Jahre ist dies behauptet worden, doch hier bringt der Maler sehr bewußt auch sein subjektives Empfinden des Gesehenen mit ins Bild ein. Die hier gemalten Farbwirkungen sind mehr analog zu seinen Beobachtungen erfunden, als tatsächlich so gesehen. Den phantasievollen Farbwirkungen entspricht ein freier Einsatz der malerischen Mittel. Auch wenn das subjektive visuelle Erleben eines kurzen Moments in der zeitlichen Abfolge des Tages die Grundlage für das jeweilige Bild legt, so gehen die ausgearbeiteten Gemälde über die Erscheinung des flüchtigen Moments weit hinaus. Das Motiv verliert nicht nur seine Details, sondern auch seine Stofflichkeit und materielle Eigenheit. Ohne jeden anekdotischen oder situativen Anklang wirken die Gemälde überzeitlich und dadurch monumental.

Die konsequente Verfolgung des Serienprinzips fällt zusammen mit einer Zeit der immer größer werdenden Nachfrage nach Bildern des Malers, und so bleibt Monet seitens seiner Künstlerfreunde der Vorwurf nicht erspart, er male Serien, nur um die Nachfrage zu bedienen. Tatsächlich kommen die Serienbilder beim Publikum an. So werden zum Beispiel alle Bilder aus einer Ausstellung der *Heuhaufen* im Jahre 1891 innerhalb weniger Tage verkauft. Monet war jedoch so kritisch mit sich und seinem Resultat, daß er mehrmals ganze Bilderreihen zerstörte. Auch sind die verschiedenen Gemälde einer Serie so deutlich ein intensives Studium der Zustände und Veränderungen des Gegenstandes, daß man dem Maler kaum vorwerfen kann, nur für den Bedarf der Käufer »in Serie produziert« zu haben.

Doch endlich, nach langen Jahren der schwersten Entbehrungen, nachdem er sich immer wieder erniedrigen mußte, um ein paar Scheine fürs Notwendigste zu erbetteln, hat Monet nun Erfolg; er wird anerkannt und zählt bald zu den bedeutendsten Malern seiner Zeit. Die Serie der Kathedralen ist nicht nur ein Höhepunkt im Schaffen des reifen Malers, sondern markiert auch seinen endgültigen Durchbruch. Auch eine Ausstellung von zwanzig der insgesamt ungefähr dreißig vor der Kathedrale entstandenen Bilder, die im Mai 1895 bei Durand-Ruel stattfindet, wird ein großer Erfolg. Monets Freund, der Politiker und spätere Premierminister Georges Clemenceau, bemüht sich um den Ankauf der Bilder durch den Staat. Doch waren die Vorbehalte offizieller Institutionen gegen den einstmaligen Wilden noch zu groß, als daß der Ankauf hätte gelingen können. Die Serie, die vom Maler als Gesamtheit geschaffen und ausgestellt wurde, zerstreute sich in alle Winde.

Die Kathedrale von Rouen, um 1900

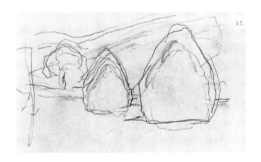

Heuhaufen, um 1888/89
»Das Sujet ist für mich von untergeordneter Bedeutung: ich will darstellen, was zwischen dem Objekt und mir lebt.«

Claude Monet

ABBILDUNG SEITE 58 OBEN:
Heuhaufen, Schnee, Bedeckter Himmel, 1891

ABBILDUNG SEITE 58 UNTEN:
Verschneiter Heuhaufen am Morgen, 1891

ABBILDUNG SEITE 59 OBEN:
Heuhaufen im Sonnenlicht, 1891

ABBILDUNG SEITE 59 UNTEN:
Heuhaufen, Tauwetter, Sonnenuntergang, 1889

OBEN LINKS:
Die Kathedrahle von Rouen am Morgen. Das Portal und der Turm Saint-Romain, 1894

OBEN MITTE:
Die Kathedrale von Rouen, das Portal bei Morgensonne. Harmonie in Blau, 1894

OBEN RECHTS:
Die Kathedrale von Rouen, das Portal und der Turm Saint-Romain am Morgen. Harmonie in Weiß, 1894

UNTEN LINKS:
Die Kathedrale von Rouen, das Portal und der Turm Saint-Romain bei strahlender Sonne. Harmonie in Blau und Gold, 1894

UNTEN MITTE:
Die Kathedrale von Rouen, das Portal und der Turm Saint-Romain bei trübem Wetter. Harmonie in Grau, 1894

UNTEN RECHTS:
Die Kathedrale von Rouen, das Portal. Harmonie in Braun, 1894

SEITE 61:
Siehe Seite 60 oben links

Im 20. Jahrhundert haben viele Künstler Serien gemalt, und man ist versucht, Monet als ihren Vorläufer einzusetzen. Im Gegensatz zu den meisten späteren Künstlern, für die das serielle Prinzip immer auch ein konzeptuelles Fortschreiten bedeutete, eine Möglichkeit, vom Gegenständlichen zur Abstraktion zu kommen oder zu experimentieren, bleibt Monets Ausgangspunkt die Natur.

Anderes Licht in anderen Ländern

Der Norden Frankreichs, die schroffen Klippen und weiten grünen Wiesen der Normandie und die Küste der Bretagne waren Monets Heimat und das Ziel ungezählter Ausflüge mit Palette und Staffelei. Doch immer wieder zieht es ihn fort aus dieser vertrauten Landschaft, in fremde Gegenden, zu fremder Vegetation. Auf der Suche nach anderem Licht bricht er auf in andere Länder. Die Pinien und Palmen der Riviera und die winterlich glänzende Côte fleurie, die einsame Stille norwegischer Schneetage, die leuchtenden Tulpenfelder Hollands, London im Nebel und das irisierende Schillern der Perle Venedig nehmen den Maler gefangen. Wach, fast wacher noch als im vertrauten Terrain erlebt er neue Motive und Stimmungen und gibt seiner Begeisterung in Briefen an die Zuhausegebliebenen Ausdruck.

Kurz nach seinem Einzug in Giverny begibt sich Monet auf die nächste Reise. Im Dezember 1883 fährt er mit Renoir in den Süden Frankreichs; er reist nicht mit Skizzenblock, Graphitstift und Wasserfarben, wie dies vor und nach ihm unzählige Maler in ihren Lehr- und Wanderjahren taten, sondern er ist unterwegs mit Staffelei und Palette, bepackt mit einigen Dutzend Leinwänden und einem großen Koffer voll warmem Wollzeug. Zweifellos war eine solche Reise ein mühevolles Unterfangen, das bei den Mitreisenden für einige Aufmerksamkeit gesorgt haben dürfte. Renoir erzählte seinem Sohn von einer solchen Malerreise:[26] Während sich die Passagiere der Ersten Klasse bemühten, möglichst gelangweilt und sorgenvoll auszusehen, und sich ein Maler, der hier mit Schirm und Farbenkasten Platz nahm, vorkommen mußte »wie ein Kohlenträger, der aus Versehen in eine Modenschau geraten ist«, war eine Reise in der Zweiten noch unangenehmer: »Denn das Gehabe ihrer Benutzer verschlimmerte sich durch die Tatsache, daß sie sich die Erste nicht leisten konnten.« Allein die Reisenden der Dritten Klasse, die die Maler zunächst notgedrungen und später aus Unbehagen gegenüber den beiden anderen Klassen benutzten, werden von Renoir als angenehme Reisegesellschaft, ja sogar als besonders freigebig geschildert. Manche hatten sich wie für eine Weltreise ausgerüstet, und mit wachsender Kilometerzahl steigerte sich die Speisenfolge, an der man auch die mageren Maler teilhaben ließ »vom burgundischen Käsekuchen zum provencalischen Schmorbraten..., vom neuen Wein der Côte d'Or zum üppigen Rosé von den Ufern der Rhône«. Dazu gab es Betrachtungen über die Ernte, über Familiensorgen, Steuern und die Marter eines Korsetts zu hören. »Nach den ersten Bissen hielt es eine dralle Bäuerin nicht mehr aus, sie entschuldigte sich, knöpfte ihr Mieder auf und bat die Nachbarin, den Rücken aufzuschnüren. Das befreite Fleisch konnte sich nach Belieben ausdehnen, und die Hasenpastete gewann endlich ihren vollen Wohlgeschmack.«

Wieder daheim, bricht Monet nach wenigen Wochen erneut in den Süden auf, doch diesmal ohne Renoir: »Ich habe immer besser allein und nach

Bordighera, 1884

Blick vom Kap Martin auf Menton, 1884
»Ich habe mir einen guten Wagen genommen
und mich nach Menton fahren lassen, ein
köstlicher Ausflug von mehreren Stunden.
Menton ist wundervoll und hat eine herrliche
Umgebung. Ich bin bis zum Kap Martin ge-
gangen, ein berühmter Ort zwischen Menton
und Monte Carlo. Dort habe ich zwei Motive
gesehen, die ich malen will, weil sie so ver-
schieden von dem hiesigen sind, wo das Meer
in meinen Studien keine große Rolle spielt«.
(An Alice Hoschedé, Februar 1884)

meinen eigenen Eindrücken gearbeitet«[27]. Er kehrt nach Bordighera zurück,
einem kleinen Küstenort an der Riviera zwischen Monte Carlo und San
Remo, den er bei seiner ersten Fahrt entdeckt hat, und malt dort das Meer,
den Himmel und arabeskenhaft verdrehte Kiefern, die wie geheimnisvoll be-
seelte Wesen in der grellen Sonne tanzen. Bisher kaum verwendete Farben
wie Türkisblau und Ultramarin, Rosa und ein mandarinenfarbenes Orange
mischen sich nun verstärkt in seine Bilder von Zitrushainen, Olivenbäumen
und den Palmen, die Monet im verschlossenen Garten eines gewissen Monsieur Moreno malen darf und die als die schönsten der ganzen Küste gelten.

»Ich bin hier in einem Märchenland, ich weiß gar nicht, wohin ich zuerst
sehen soll, alles ist außerordentlich schön und ich möchte alles malen. (. . .)
Diese Landschaft hier ist für mich etwas ganz Neues, das ich studieren muß,
und ich fange erst an, mich darin auszukennen; und um zu wissen, wohin ich
gehen und was ich machen kann, ist es furchtbar schwer, man brauchte auf
seiner Palette Diamanten und Edelsteine.«[28] Er kehrt zurück mit fünfzig be-
malten Leinwänden, doch kaum eins der Gemälde ist vollendet.

Fünf Jahre später zieht es Monet erneut ans Mittelmeer. Im Januar 1888
reist er an die Côte d'Azur und malt dort das Meer vor dem Hintergrund des
schneebedeckten Esterelgebirges (Abb. S. 65). Eine Pinie schiebt sich diago-
nal über die Bildfläche vor die horizontal geschichtete Landschaft und gibt der
in ihrer zarten, winterlichen Farbigkeit nahezu raumlosen Landschaft einen
markanten Vordergrund, der nicht nur die Entfernung und Größenverhält-
nisse der Landschaft bestimmt, sondern auch die ruhig lagernde, aus Horizontalen aufgebaute Komposition mit Spannung erfüllt. Auch hier fand Monet
die Anregung zu der ungewöhnlichen Komposition wieder in japanischen
Holzschnitten.

Vom Cap d'Antibes aus, einer weit ins Meer ragenden Landzunge, malt er
die alte Festungsstadt Antibes (Abb. S. 65) und versucht, die Intensität des
mediterranen Winterlichtes auf seine Leinwand zu bannen. Die strahlende
Helligkeit suggeriert er durch intensive Kalt-warm-Kontraste, indem er auf

Antibes im Nachmittagslicht, 1888

blaßblauen Untergrund neben kalte Blau- und Grüntöne eine ganze Palette warm leuchtender Creme- und Rosatöne und Zinnoberrot setzt und seinen Farben besonders viel Weiß beimischt. »Es ist so schön hier, so hell, so lichtvoll! Man schwimmt in blauer Luft, es ist fürchterlich«, schreibt er nach Hause.[29]

Beim Publikum haben die Bilder von der Südküste großen Erfolg. »Ich gehe aus der Ausstellung weg, verzückt von ihrer Arbeit dieses Winters. Seit langem stelle ich das, was Sie machen, über alles, ich glaube aber, Sie sind jetzt in Ihrer schönsten Zeit«, schreibt der Dichter Stéphane Mallarmé, nach-

Blick auf das Esterelgebirge, 1888

dem er die in Antibes entstandenen Gemälde gesehen hat.[30] Doch Monet ist mit sich unzufrieden, er schwärmt von einer Landschaft aus Gold und Edelstein – und ist verzweifelt, daß es nur Rosa und Himmelblau ist, was sein Pinsel auf die Leinwand bannt. Immer wieder schreibt er von seinem vergeblichen Bemühen, die mediterrane Atmosphäre unmittelbar wiederzugeben, und ist enttäuscht vor dem fertigen Bild. Trotz des fortschreitenden Ausbaus seines Paradiesgartens in Giverny wird Monet immer wieder aufs neue von Unruhe gepackt. Vielleicht ist es außer den neuen Eindrücken auch die fruchtbare Einsamkeit, die er in der Fremde sucht, und der Abstand von seiner ständig anwachsenden Familie, zu der immer mehr Schwiegersöhne und -töchter und bald schon die ersten Enkel zählen.

Er flieht in die Ferne, besucht seinen Stiefsohn in Norwegen, fährt mehrfach nach Südfrankreich und nach der Jahrhundertwende sogar mit dem Automobil nach Madrid und Venedig. Auch nach London, wo er bereits 1870 von der irisierenden Atmosphäre mit ihren unzähligen und sich ständig verändernden Grautönen fasziniert war, unternimmt er immer wieder Malreisen. Um 1900 malt er vom Balkon seines Zimmers im Hotel Savoy und von einem Fenster des St. Thomas Hospitals die Themseserien *Das Parlament von Lon-*

Der Berg Kolsaas mit rosafarbenen Reflexlichtern, 1895
Nur eine Handvoll Bilder bringt Monet von einer 1895 unternommenen Reise zu seinem Stiefsohn nach Norwegen mit. Den unter einer schweren Schneedecke lagernden Berg Kolsaas malt er als eine geheimnisvolle und feierliche Meditation.

don (Abb. S. 67) und *Die Waterloobrücke im Nebel.* Wieder hat Monet unzählige Leinwände um sich herum aufgebaut und greift, wenn die Sonne etwas durch den verhangenen Himmel bricht, nach dieser und – wenn im nächsten Moment dichte Nebelschwaden aufziehen – nach jener Leinwand. Monet schreibt an seinen Händler Durand-Ruel: »Ich kann Ihnen kein einziges Londoner Bild schicken, weil es unerläßlich ist, daß ich sie alle vor mir habe, und aufrichtig gesagt ist nicht eines endgültig fertig. Ich entwickle sie alle zusammen.«[31] Auch bei seiner Rückkehr nach Giverny sind die Bilder noch nicht vollendet, und er arbeitet in den nächsten Jahren in seinem Atelier an ihnen weiter. Ein Vergleich zwischen dem *Parlament von London* und der dreißig Jahre früheren *Impression, Sonnenaufgang* (Abb. S. 31) führt deutlich vor Augen, wie sich Monets Werk verändert hat: Das Motiv beider Bilder ist ähnlich, es gibt sogar mehrere Bilder aus London, in denen kleine, den Kähnen der *Impression* vergleichbare Schiffchen im Wasser des Vordergrunds liegen. Doch die Wahrnehmung des Motivs ist eine grundlegend andere. Die

Monet und Theodore Butler im Auto

Themseansichten haben das Skizzenhafte der *Impression* vollkommen verloren; sie sind ausgearbeitete Manifestationen von monumentaler Wucht. Selbst wenn hier Atmosphäre und Licht eines bestimmten Augenblicks der Ausgangspunkt für jedes einzelne Bild gewesen sein sollte, so verdichtet Monet doch diese Eindrücke zu abstrakten Farbgeweben. Das Architekturmotiv gliedert den Bildraum nicht mehr wie die Schiffe und Brücken seiner früheren Bilder graphisch, sondern es teilt ihn in wenige große Flächen auf. Architektur, Wasser und Himmel werden zu Projektionsflächen für Monets oszilierenden Farbschleier und sind ebenso – oder ebensowenig – greifbar wie die neblige Luft. Übersteigert, fast gespenstisch lösen sich die neugotischen Türme des Parlamentsgebäudes im Nebel auf. Motiv und Umfeld sind überzogen von in kleinen Stricheln aufgetragenen Farbhüllen, in denen sich alle Farben des Prismas verwoben finden.

Auch auf Monets Fahrt nach Venedig im Jahre 1908 entstehen solche sublimen Farbteppiche, die einen Abstraktionsgrad erreichen, der nichts mehr mit

Das Parlament von London, 1899–1901
Über Jahre hinweg arbeitet Monet in seinem Atelier immer wieder am Motiv der Themse mit dem Parlament oder der Waterloobrücke im Hintergrund. Chimärenhaft tauchen die Gebäude im dichten, nur von wenigen Sonnenstrahlen zu einem schillernden Gewebe belebten Nebel auf.

Abendstimmung in Venedig, 1908
»Sie ist so schön«, schreibt Monet aus Venedig über Palladios Kirche San Giorgio Maggiore, die er im Licht der untergehenden Sonne wiedergibt, »ich tröste mich mit dem Gedanken, daß ich nächstes Jahr wiederkommen werde, denn ich war nur imstande, Versuche, Anfänge zu machen. Aber wie schade, daß ich nicht hierher kam, als ich jünger, als ich voll Verwegenheit war!« (Brief an Gustave Geffroy, Dezember 1908)

der Augenblickmalerei der *Impression* zu tun hat. Der Einladung einer Freundin des englischen Malers Singer Sargent folgend, verbringen Monet und Alice Hoschedé, die inzwischen mit ihm verheiratet ist, zunächst zwei Wochen im Palazzo Barbaro, einem direkt am Canal Grande gelegenen Renaissancepalast. Die ersten Tage vergehen wie im Fluge, ohne daß Monet sich an die Arbeit macht. Er läuft durch die engen Gassen und läßt sich durch die kleinen Kanäle rudern, nimmt die Atmosphäre in sich auf und denkt nach. In Museen und Kirchen studiert er die Werke von Tizian, Giorgione und Veronese, der großen venezianischen Koloristen, mit deren Werken seine Bilder wiederholt verglichen wurden. Die einzigartige Stimmung der Stadt erscheint ihm unübersetzbar. Doch mit einem Mal finden wir ihn wieder, wie er sich mit Staffelei und Palette am Canal Grande und vor dem Dogenpalast aufbaut. Er malt wie ein Besessener, streng einem Stundenplan folgend, der ihn morgens um sechs aufstehen läßt und vor jedem Motiv zwei Stunden Zeit gibt. Erst abends, bei Sonnenuntergang, kommt er zur Ruhe. Besorgt schreibt seine Frau: »Es ist höchste Zeit, daß er sich etwas erholt, denn er arbeitet viel, besonders für einen Mann in seinem Alter . . .«.[32]

Die Interpreten sprechen vor den Bildern aus Venedig besonders gern von »farbig schillernden Feerien«, und die Ansichten von San Giorgio Maggiore

RECHTS:
Der Palazzo Contarini, 1908

UNTEN:
Claude Monet und seine Frau Alice auf
dem Sankt-Markus-Platz in Venedig, 1908

oder dem Palazzo Contarini (Abb. S. 68, 69) scheinen tatsächlich einem romantischen Märchen oder einem symbolistischen Gedicht entstiegen zu sein. Wie im Nebel des winterlichen London wird es auch im vielbeschriebenen, von funkelnden Reflexen belebten Licht der Lagunenstadt nicht tatsächlich Augenblicke von solch leuchtender Intensität gegeben haben, wie Monet sie auf seiner Leinwand festhält. Er legt auf seinen Reisen zahlreiche Bilder an, die er über Jahre hinweg zu Hause im Atelier überarbeitet, teilweise ganz neu beginnt. Durch dieses Überarbeiten, bei dem in immer wieder neuen Farbschichten die gesamte Oberfläche mit einer flimmernden Farbhaut überzogen wird, entzieht der Maler den Bildern das Unmittelbare, Skizzenhafte und verwandelt sie zu ausgearbeiteten malerischen Phantasien. Die Bilder aus Venedig sind Kompositionen aus blauen Schleiern und Perlmutt, aus Dunst und Reflex; sie sind weitaus mehr Erinnerung und Vision als die visuelle Erfahrung vor dem Motiv. Was sich bereits in den Serien der Heuhaufen, Pappeln und Kathedralen andeutete, zeigt sich in den Bildern seiner späten Reisen nun vollends: Aus dem Impressionisten ist ein Symbolist geworden, der hier die mystischen Vermählungen von Nebel und Architektur, von Materie und Atmosphäre, von Stein und Licht feiert.

Der Garten in Giverny

»Und endlich erscheint Giverny am Ende der Straße; das Dorf ist hübsch, aber etwas charakterlos, halb ländlich, halb Kleinstadt. Plötzlich aber, gerade wenn man das Ende des Dorfes erreicht hat und auf dem Weg nach Vernon weiterfährt – ohne daß man das Verlangen gespürt hätte, irgendwo anzuhalten – grüßt uns ein neues und außergewöhnliches Spektakel, unerwartet wie alle großen Überraschungen. Stellen Sie sich alle Farben einer Palette, alle Töne einer Fanfare vor: Das ist Monets Garten!«[33]

So beschreibt der Kunstkritiker des »Figaro«, Arsène Alexandre, zu Beginn unseres Jahrhunderts seinen ersten Eindruck von Giverny, wo Monet die zweite Hälfte seines Lebens verbringt. Seit Mitte der achtziger Jahre durch regelmäßige Verkäufe wirtschaftlich unabhängig, kann er es sich 1890 sogar erlauben, das Haus zu kaufen. Er widmet sich nun mit Leidenschaft und immer größerem Aufwand dem Grundstück, das er im Laufe der Jahre durch mehrere Zukäufe vergrößern kann. Monet baut seiner Familie ein Heim und erschafft sich sein Paradies: den Garten von Giverny.

Dabei waren die Anfänge durchaus nicht einfach. Das zunächst unverheiratete Paar mit seinen acht lebhaften Kindern dürfte für die bäuerliche Nachbarschaft schon befremdlich genug gewesen sein. Doch dann zieht dieser Mann, der ein moderner Maler sein soll, auch noch jeden Morgen bei Sonnenaufgang los, stapft über ihre Wiesen, gefolgt von Kindern, die in der Schubkarre Malzeug und Leinwände hinterherschaffen und baut sich vor den Heuschobern und Bäumen auf, um diese mit wilden Strichen auf Leinwände zu bringen, die er jeden Moment wieder auswechselt. Die findigen Bauern wissen schnell, sich diesen kuriosen Wirrkopf zu Nutzen zu machen. Sie verlangen Wegzoll, wenn er auf dem Weg zu einem Motiv ihre Wiesen überquert, und schicken sich immer wieder an, gerade die Heuschober abzutragen oder die Pappel zu fällen, die Monet zu malen begonnen hat. Es kostet ihn einiges, seine Motive zu erhalten. Als er später auch noch vorhat, einen Teich mit exotischen Pflanzen anzulegen, laufen die Dorfbewohner Sturm, denn die Pflanzen könnten ja der Wäsche, die sie im Fluß waschen, schaden oder ihr unterhalb des Gartens weidendes Vieh vergiften.

All diesen Schwierigkeiten zum Trotz wird aus dem grasbewachsenen, dünn mit Apfelbäumen bestandenen normannischen Obstgarten unter Einsatz der ganzen Familie ein Garten, der Geschichte macht. Später sagt Monet einmal, er habe lediglich einen Katalog zur Hand genommen und drauflos bestellt, doch dies ist gewiß eine seiner häufigen Untertreibungen. Mit Sachverstand und unendlicher Geduld entsteht hier ein fruchtbarer und von Blütenströmen durchzogener Garten Eden, den besagter Monsieur Alexandre folgendermaßen beschreibt: »Wo auch immer Sie sich hindrehen, zu ihren Füßen, über ihrem Kopf, in Brusthöhe, befinden sich Teiche, Blumengirlanden, blühende Hecken, in Harmonien, die gleichzeitig wildwachsend und geplant sind und

Monet mit seiner Stieftochter Blanche, die nach dem Tod ihres Mannes den Haushalt bei Monet führt und ihn auch beim Malen begleitet.

Die Japanische Brücke, 1899

71

sich zu jeder Jahreszeit verändern und erneuern.«[34] Deutlich waltet in diesem Garten eine strukturierende Kraft, wie sie der Maler auch in seinen Bildern zeigt. Mit ordnender Hand greift Monet ein und gibt jeder Blume ihren Platz. Er komponiert auf parallel angeordneten Rabatten mit Sorten und Farben. Monet macht sich die Natur untertan. Bereits mit Motiven für seine Bilder im Kopf sucht er Gewächse aus und arrangiert sein Bild nicht nur durch den Blickwinkel, den er wählt, sondern auch indem er energisch Hand anlegt: Als ein großer Eichenbaum, den er im Vorfrühling malt, es plötzlich wagt, kleine grüne Knospen zu treiben, ändert er nicht etwa sein Bild, sondern trommelt

Frühling, 1886

gute Kletterer aus dem Dorf zusammen und sorgt dafür, daß am nächsten Morgen kein einziges grünes Blatt mehr zu sehen ist. »Man bewundert den Maler, und fühlt Mitleid mit dem unglücklichen Baum«, kommentiert der englische Maler Dewhurst, der diese Anekdote überliefert hat.[35]

Ganz anders als etwa Emil Nolde, der sich in Seebüll einen strotzenden Bauerngarten schuf, legt Monet in Giverny ein unübersehbares Faible für das Ausgefallene, für Exotisches an den Tag. Zwar gibt es auch Kapuzinerkresse und Dahlien, doch den Charakter des Gartens bestimmen mit den Jahren immer mehr die blaßblauen Glyzinien und violetten Iris, die aus Mexiko kommenden Tuberosen und die wie Perlmutt schillernden Seerosen mit den Büscheln von Bambusgras. Viele dieser zum Teil aus Übersee importierten Pflanzen gab es überhaupt erst seit wenigen Jahren in Frankreich, und das Mißtrauen der Bauern gegenüber den unbekannten Pflanzen verwundert daher kaum. Die mondäne Welt in Paris und Übersee beginnt sich allerdings schon bald brennend für diesen Garten zu interessieren. Es erscheinen die ersten Artikel, und über Monets Tod hinaus beschäftigen sich Zeitschriften wie »Country Life« mit den Schönheiten des Gartens und dokumentieren in zahlreichen Fotos seine erlesenen Blumenkompositionen. Bis heute erfreuen sich daran seine Besucher.

Monet wächst mit seinem Garten zusammen, dieser wird Teil seines Körpers, seiner Seele und – was für ihn am wichtigsten ist – seines Auges. Von allen Reisen schreibt er nach Hause, um zu fragen, wie es den Blumen geht. Der Garten im Sonnenlicht ist ihm Lebenselexir, und an Regentagen verzieht er sich deprimiert ins Bett.

Dabei ist Monet kein Blumenmaler; schon beim frühen *Garten in Sainte-Adresse* (Abb. S. 20) kann man beobachten, daß es ihm nicht auf die einzelne, für eine bestimmte Gattung oder Sorte spezifische Blüte ankam. Auch wenn man einzelne Arten wie Stockrosen, Mohnblüten und später die Seerosen oder die blauen Glyziniendolden unterscheiden kann, hält der Maler jedoch nie die Gestalt der einzelnen Blüten oder Pflanzen fest. Er sucht nach dem Zusammenklang, dem Gesamteindruck. Blumen sind für ihn Lichtträger und Fest für die Augen.

Das Wohnhaus in Giverny ist großzügig angelegt und wirkt im Vergleich zum üblichen Prunk der Jahrhundertwende geradezu nüchtern. Die zweckmäßige Architektur überwuchern schon bald wilder Wein und Kletterrosen. Nach dem Tod von Ernest Hoschedé, der sich von seinem Bankrott nie wieder erholen konnte, heiraten Monet und Alice Hoschedé 1892. Damit konnte nun endlich eine langjährige Verbindung, deren Anfänge vielleicht schon auf

Mohnblumenfeld in einem Tal bei Giverny, 1885
In Giverny greift Monet erneut das Thema des blühenden Mohnfeldes auf (vgl. S. 39). Doch statt der wie zufällig wahrgenommenen, heiter bewegten Landschaft schafft er in dem späteren Bild eine fast strenge, symmetrische Komposition aus den komplementären Farbklängen Rot und Grün.

Die Barke, 1887
Beliebt bei der Familie sind die kleinen Ausflüge mit dem Boot zur Ile aux Orties, der Brennesselinsel. Sie ist durch einen kleinen Kanal mit dem Anwesen Monets verbunden und liegt am Rand der Seine. Später kann Monet die Insel sogar erwerben.

Junge Mädchen in einem Boot, 1887

Boot auf der Epte, 1890

OBEN:
Monet in seinem Garten in Giverny, um 1917
(Farbfotografie von Etienne Clémentel)

UNTEN:
Monets Haus und Garten in Giverny,
um 1917
(Farbfotografie von Etienne Clémentel)

Schloß Montgeron, zu Lebzeiten Camilles, lagen, legitimiert werden. Daß Alice nicht nur als Haushälterin und Kinderfrau hier lebte, dürfte den Nachbarn und Freunden schnell klargeworden sein.

Mit der Eisenbahn, mit Booten über die Seine, mit Pferdefuhrwerken und bald auch mit den ersten, fürchterlich knatternden und stinkenden Automobilen fahren in Giverny Politiker und Diplomaten vor, geben sich amerikanische Sammler und japanischer Hochadel die Klinke in die Hand. Aber auch die Freunde der ersten Stunde finden sich ein: Renoir, Cézanne, Pissarro sowie sein erster Biograph Gustave Geffroy und vor allem der französische Politiker Clemenceau, der von 1906 bis 1909 und nochmals gegen Ende des ersten Weltkrieges bis 1920 Premierminister war. Trotz der Nähe zu dem Politiker verweigert der Maler allerdings bis zu seinem Tode alle offiziellen Ehren des Staates. Wie bereits 1888 die Annahme des Kreuzes der Ehrenlegion lehnt er auch 1920 die Aufnahme in das »Institut de France« ab.

Zu den Freunden und Sammlern kommen die Bewunderer: Gegen Ende der achtziger Jahre bildete sich sogar eine kleine Kolonie amerikanischer Maler – die sogenannten »Givernisten«. Monet, der sich nie als Lehrer engagieren wollte, sondern den jungen Malern nur empfahl, genau hinzusehen und die Natur zu studieren, fühlt sich schnell vom Ruhm und Rummel überfordert und legt sich gegenüber den jungen Amerikanern, die ihn Tag für Tag aufsuchen wollen, den Ruf zu, »extremely ill-tempered« zu sein. Seine Verschlossenheit gegenüber den ambitionierten Jungmalern kann jedoch nicht verhindern, daß seine Stieftochter Suzanne 1892 den amerikanischen Maler Theodore Butler heiratet. In den folgenden Jahren wird das ohnehin schon belebte Haus von immer weiteren Schwiegersöhnen, -töchtern und Enkelkindern erobert. Familienfeste nehmen sich, wie zahlreiche Fotos überliefern, wie Dorfversammlungen aus. Monet, der uns schon in Argenteuil als »bon bourgeois« begegnete, ist ein großer Freund der guten Küche und läßt in seinem legendären gelben Speisezimmer, in dem seine Sammlung japanischer Holzschnitte die Wände schmückt, die köstlichsten Speisen servieren. Sechs dicht beschriebene Hefte mit Rezepten sind erhalten und überliefern so klangvolle Gerichte wie »Truffes à la serviette«, »Entrecôte marchand de vin« oder den geheimnisvoll grünen Kuchen »Vert-vert«. Die Herstellung des weihnachtlichen Bananeneises beispielsweise ist eine komplizierte Angelegenheit, für die die damals hochmoderne Eismaschine eine halbe Stunde lang gekurbelt werden muß. Monet sammelt Rezepte, plant die Speisenfolgen

Monets Haus und Garten in Giverny

Weg im Garten des Künstlers, 1901–02
Vom Haus führt der von Kletterrosen über-
wachsene Mittelweg im Schatten alter Eiben
hinab zum südlichen Gartentor. Symmetrisch
geordnet schließen sich rechts und links die
Blumenrabatten an.

Die Japanische Brücke, 1900

Iris, 1914–17
»Nichts auf der Welt interessiert mich, als
meine Malerei und meine Blumen.«
Claude Monet

und gibt Anweisungen – selbst einen Topf in die Hand genommen hat er
allerdings nie.

Die Mahlzeiten spielen eine wesentliche Rolle in Monets Leben und struk-
turieren den Tag. Früh am Morgen – im Sommer oftmals noch vor der Däm-
merung – steht er auf und nimmt ein üppiges Frühstück zu sich, wie er es in
Holland schätzenlernte. Um halb zwölf treffen sich Familie und meistens auch
Gäste zum Mittagessen, das vom Maler grundsätzlich so früh gewünscht wird,
damit er von der nachmittäglichen Sonne nichts verpaßt. Es folgt ein im
Garten eingenommener Tee und ein ebenfalls nicht gerade spartanisches
Abendessen. Gäste allerdings werden abends gewöhnlich nicht eingeladen, da
Monet früh schlafen geht, um am nächsten Morgen in aller Frühe aufzuste-
hen. Daß trotz allen Umtriebs Monet nicht in seiner Arbeit beeinträchtigt
wird, dafür sorgt Alice mit fester Hand.

Von bis zu zwölf Leinwänden umgeben, die alle zu unterschiedlichen Mo-
menten des Tages und bei unterschiedlichen Wetter- und Lichtstimmungen

Irisbeet im Garten des Künstlers, 1900

angelegt wurden, sitzt Monet unter seinem großen weißen Schirm (Abb. S. 71). Seine Stieftochter Blanche malte schon früher häufig neben ihm und wird nach Alices Tod zu seiner ständigen Begleiterin. Sachlich, schweigend, häufig mürrisch sitzt er bei seiner Arbeit – Zeiten größter Produktivität wechseln ab mit tiefen Depressionen.

Giverny liegt zwar nicht wie die vorher von Monet bewohnten Orte direkt an der Seine, doch ein kleiner Flußlauf, die Epte, und sie begleitende Bäche sorgen dafür, daß Monet auch hier sein Element, das Wasser, nicht missen muß. Nach den Nachmittagen auf dem Fluß in Argenteuil und den rauhen Tagen in der Gischt von Etretat begeistert sich Monet in Giverny für eine neue Form des Wassers: für den Teich. Schon zu Beginn der neunziger Jahre kann Monet ein Wiesengelände unterhalb seines Hauses hinzukaufen. Dieses durch die Bahnschienen von seinem Grundstück getrennte Stück Land – etwa 7500 qm – gestaltet er mittels eines kleinen Wasserlaufs zu einem Wassergarten. Später hält er sich sogar einen Gärtner, der nur für den Teich und die

ABBILDUNG SEITE 80/81:
Der Teich wird zum Zentrum des Lebens und der Arbeit des Künstlers. Mit den Jahren wird er erweitert und mit immer neuen Seerosenpflanzen geschmückt. Ein Bediensteter ist eigens für die Reinhaltung des Teiches und die Pflege der Seerosen zuständig. In Anlehnung an japanische Holzschnitte baut Monet 1895 die »passerelle japonaise«, eine kleine Holzbrücke, die – mit einem dichten Glyzinienvorhang überwachsen – zum malerischen Motiv vieler seiner späten Bilder wird.

Seerosen, Wasserlandschaft, Wolken, 1903

Pflege der dort wachsenden Seerosen zuständig ist, während sich fünf andere um den übrigen Garten kümmern. Eine kleine hölzerne Bogenbrücke, wie sie auf japanischen Farbholzschnitten zu finden ist, wird 1895 gebaut (Abb. S. 77, 81). Ruhig in der Sonne gärend, von flirrenden Libellen belebt und mit Fröschen im Schilf, die, wenn man ihnen zu nahe kommt, plumpsend im Wasser verschwinden, hat Monet hier ein Reich der Ruhe, einen Ort der Meditation gefunden. Der Teich – durchwirkt von Seegras und Algenpflanzen, umwuchert von Iris, Schilf und Trauerweiden und gekrönt von großen Büscheln Seerosen, die in der Sonne wie Perlmutt schillern – wird zum bestimmenden Motiv seiner letzten dreißig Jahre. Es ist unverkennbar, wie Monet auch hier dem Motiv immer näher rückt. Wie mit einem Zoom zieht er es näher heran, um schließlich in den großen Seerosenbildern, an denen er in den letzten

Seerosen, 1897–98

Jahren seines Lebens arbeitet, in das Motiv regelrecht einzutauchen. Von der
großen Landschaftskomposition rückt Monet über die Teilansicht des Teiches
mit der japanischen Brücke dem einzelnen Ausschnitt aus der Oberfläche des
Teiches immer näher. Der Himmel taucht nur noch als Spiegelung im Wasser,
aber nicht mehr am oberen Bildrand auf (Abb. S. 82). Seine Wasserlandschaften sind Landschaftsbilder ohne Horizont. Im kleinen Ausschnitt spiegeln sich
dann aber Landschaft, Bäume, Himmel und Wolken. Diese Bilder kann man
nicht mehr als Landschaften im eigentlichen Sinne bezeichnen. Reflexland-
schaften nannte Monet sie selber.

Auch wenn Monet häufig betont, sein Atelier sei die freie Natur, so werden
doch die meisten seiner Bilder im Atelier vollendet oder überarbeitet. In
Giverny hat er zeitweise drei Ateliers, in denen der Maler auch Besucher
empfängt und über seine Bilder spricht. Auch seine Teichbilder malt er nicht
ausschließlich unterm Sonnenschirm im Freien, doch anders als bei den
Themsebrücken oder den Ansichten des Markusplatzes, an denen er jahrelang ausschließlich im Atelier gearbeitet hat, kann er hier zwischendurch
immer wieder vor sein Motiv gehen, um den optischen Eindruck aufzufri-
schen, die Lichtstimmung in sich aufzunehmen. Die Impression wird am
Teich immer wieder aufs neue belebt.

In den Bildern des Seerosenteiches findet sich die Auflösung des dargestellten Gegenstandes in die Fläche am weitesten vorangetrieben. Die Seerosen
mit ihren breitlagernden Blätterinseln sind ihm dabei das Mittel, die Bildfläche in der Horizontalen zu verspannen, während die Wasserspiegelungen vor
allem der um den Teich gruppierten Weiden und Schilfgräser vertikale Strukturen ins Bild bringen. Daß diese im Grunde geometrischen und höchst ausge-
glichenen Gewebe trotzdem nicht eintönig und spannungslos wirken, ist zum
einen auf die ornamentalen Formen der unregelmäßigen ovalen Blätter und
Blüten zurückzuführen, zum anderen aber auch hier wieder auf die Farbe. In
einem nie zuvor erreichten Maße ist die Farbe hier als in tausend Nuancen
zerlegte, vibrierende Fläche, als Schleier, Licht und Mosaik aufgelegt. In
Tupfen, Strichen und Flecken setzt Monet ins Unendliche gebrochene Farb-

Seerosen, 1917

»(. . .) Rate, mein Traum, was soll ich tun?
Mit einem Blick die keusche Abwesenheit in
dieser weiten Einsamkeit umfassen und, wie
man zur Erinnerung an eine Stätte eine der
zauberhaft geschlossenen Seerosen pflückt,
die unvermittelt aufsteigen und mit tiefem
Weiß das Nichts eines unberührten Traums
umschließen, eines Glücks, das es nie geben
wird, und mit aus Furcht vor einer Erscheinung angehaltenem Atem mit ihm davonfah-
ren: schweigend ganz langsam fortrudern,
ohne die Verzauberung durch einen Ruder-
schlag zu durchbrechen, und ohne daß ein
Geplätscher der in meiner Flucht sichtbar
aufsteigenden Schaumblasen das schim-
mernde Gleichnis meines Raubes einer idea-
len Blume vor unvermutet nahende Füße
spült. (. . .)«
Stéphane Mallarmé, Le Nénuphar Blanc/Die
weiße Seerose

töne nebeneinander und in immer neuen Schichten übereinander. Dabei sind die unteren Schichten hauchdünn lasierend und fast transparent aufgetragen und leuchten zwischen den weiter oben liegenden, immer kräftiger werdenden Strichen und pastosen Wischern hindurch. Hier läßt sich beobachten, wie Monets Farbauftrag sich immer mehr verändert. Aus dem vibrierenden, kurzen Pünkteln und Stricheln, den flirrenden Lichtern und Farbtupfern der ersten Serie des Teiches (Abb. S. 82), die bei aller Transparenz doch auch wie Teppiche wirken, bildet sich immer entschiedener ein fließender Pinselduktus heraus. Der breite, kreidige Strich wird selbst zur Alge und Schlingpflanze. Die Striche lagern nicht mehr senkrecht oder waagerecht, sondern schlängeln sich in geheimnisvollen Strudeln, sie beginnen zu tanzen. Es ist diese Freiheit und Kühnheit des Farbauftrages, verbunden mit einer sich immer weiter von der Gegenstandsfarbe entfernenden Farbigkeit und dem Mut zur Größe und Weite des Formats, die gerade die Seerosenbilder zu wichtigen Anregungen für kommende Maler machen: Die Maler des abstrakten Expressionismus der fünfziger Jahre, etwa Sam Francis, Jackson Pollock oder Mark Rothko, waren fasziniert von Monets freiem Umgang mit der Farbe, und das Format seiner Seerosendekoration scheint das »All-over« eines Pollock vorwegzunehmen. Doch während die Maler des abstrakten Expressionismus nach Autonomie des Bildes, nach reiner, nur aus Form und Farbe zusammengesetzter Malerei strebten, sind auch die visionärsten Bilder Monets immer aus dem optischen Augenblick, dem tatsächlich Gesehenen gewachsen – aus der Natur.

Das Eintauchen in ein grenzenloses Bild, das sich nicht nur vor dem Betrachter aufbaut, sondern ihn rundherum umschließt, sich nach allen Seiten fortsetzt, wie es Monet in seiner Seerosendekoration geschaffen hat, beschäftigte diese Maler besonders. Schon gegen Ende des Jahrhunderts trug sich Monet mit dem Gedanken, mehrere großformatige Seerosenbilder zu einem Raum zu verbinden. Dem Zeitgeschmack – und wohl auch seinen persönlichen Vorlieben – entsprechend, dachte er zunächst an ein Eßzimmer, das er rundum mit Seerosenpaneelen ausstatten wollte. Sein Freund Clemenceau versuchte, Monet aus der Lethargie, in die er nach dem Tod seiner Frau Alice und seines Sohnes Jean gefallen war, herauszureißen, und schlug ihm vor,

Seerosen, 1919

Seerosen, 1916

eine Serie von Seerosenbildern für den französischen Staat zu schaffen. Um diese Bilder zu bewältigen, wird sogar ein neues Atelier gebaut, wo auf 24 mal 12 Metern genug Platz für dieses monumentale Werk ist. Der Neubau ist kein einfaches Unternehmen während des Krieges, und Monet gelingt es nur durch den Einfluß seiner hochrangigen Politikerfreunde, Material und Arbeitskräfte dafür zu bekommen.

Warum nennt man die späten Bilder »Dekorationen«? Der Begriff des Dekorativen konnte durchaus auch damals etwas Abfälliges haben. Er wurde schon relativ früh auf Monets Werke angewendet und bezeichnete eine Malerei, die weder anekdotisch, historisch oder topographisch erzählend war. Am radikalsten findet sich dies in den späten Serien der Seerosen ausformuliert. Als reine Beobachtung von Licht und Farbe können sie auch nicht symbolisch genannt werden, wenngleich sie natürlich ihre Betrachter immer wieder dazu anregen, die Bilder symbolhaft zu interpretieren. Doch bleiben Monets Seerosendekorationen eine Malerei, die auf sich selbst verweist, ohne dabei auf einen dargestellten Gegenstand ganz zu verzichten, was es verbietet, sie abstrakt zu nennen.

Anläßlich der Ausstellungen der Serien, etwa der Heuschober oder der Kathedralen, wiesen Kritiker und Freunde immer wieder auf die Einheitlichkeit der gesamten Serie hin und bedauerten aufs höchste, daß diese Ensemble durch den Handel auseinandergerissen und über die ganze Welt verteilt wurden. Aus diesem Grund hatte Clemenceau ja bereits vor der Jahrhundertwende versucht, die Kathedralen-Serie als Gesamtheit dem französischen Staat zu sichern, konnte sich jedoch bei der offiziellen Ankaufskommission nicht durchsetzen. Als aus Anlaß des Waffenstillstandes von 1918 Monet dem

Seerosenteich abends (Diptychon), um
1916–22
»Sobald der Pinsel innehielt, eilte der Maler
zu seinen Blumen, oder er ließ sich gern in
seinem Lehnstuhl nieder, um über seine Bilder nachzudenken. Die Augen geschlossen,
die Arme lässig herabhängend, suchte er un-
beweglich Lichtschwingungen, die ihm ent-
gangen waren, und dem vielleicht eingebilde-
ten Versagen folgte ein scharfes Nachdenken
über seine Arbeitspläne.«
Georges Clemenceau

Staat zwei große Seerosenbilder schenken will, gelingt es Clemenceau und
Geffroy, den Maler zu überzeugen, daß nun der Moment gekommen sei, das
Projekt eines großen Ensembles, der Seerosendekoration, zu verwirklichen.

Monet schwebte schon lange vor, die Seerosenbilder in einem Raum so zu
präsentieren, daß die Illusion eines endlosen Ganzen vermittelt würde und
der Betrachter dadurch meditative Entspannung finden könne. Er sagt zu,
dem Staat eine Anzahl von Bildern zu schenken, unter der Bedingung, daß
die Gemälde in einer speziellen, neu zu bauenden Raumarchitektur nach
seinen Vorstellungen gehängt werden. Als geeigneter Ort wird der Garten des
Hôtel Biron ausgewählt, in dem seit kurzem ein dem Bildhauer Rodin gewid-
metes Museum untergebracht war. Ein Architekt legt Pläne für einen Pavillon
am Rande des Anwesens vor, in dessen keineswegs gigantischen Ausmaßen
ein kreisrunder Raum zwölf Paneele aufnehmen sollte. Doch der Generalrat
für öffentliche Bauten lehnt den Vorschlag ab, offenbar um zu verhindern,
daß Monet durch ein eigens für seine Gemälde errichtetes Gebäude zu viel
der Ehre zuteil werde.

Draufhin will Monet die Schenkung wieder zurückziehen, und es reisen
bereits potentielle Käufer aus Japan und Amerika an, die die gesamte Serie
für dortige Museen erwerben wollen. Wohl einzig seinem Freund Clemenceau, der die Seerosendekoration von Anfang an als »sein« Projekt empfunden hat, ist es zu verdanken, daß Monet einwilligt, die Gemälde in einem Saal
der zum Louvre gehörenden Orangerie einzurichten. Dort wurden die Seerosendekorationen erst nach Monets Tod in zwei Räumen mit ovalem Grundriß
installiert. Die Säle der Orangerie sind heute viel besucht und das Ziel vieler
Parisreisenden. Sie standen jedoch lange Jahre kaum im Blickfeld und hatten
kaum Besucher. Erst in den fünfziger Jahren wurden die Seerosendekorationen, unter anderem von Malern wie Sam Francis, entdeckt, und erst im Zuge
des abstrakten Expressionismus wurde der späte Monet wirklich verstanden
und gewürdigt.

Monets letzte Jahre sind geprägt von einer geradezu hektischen Produktivität. Weit davon entfernt, geruhsam an einem Alterswerk zu schaffen oder gar
an Ruhestand zu denken, macht er es sich in den letzten Jahren besonders
schwer. Aus Angst vor mittelmäßigen Werken zerstört und verbrennt er immer wieder zahlreiche Bilder. Er hatte erlebt, wie nach dem Tode Manets
Händler alles wegschleppten, und möchte sein Werk davor schützen, daß
auch minderwertigere Skizzen und Versuche auf den Markt gelangen.

Schon seit 1908 gab es immer wieder Anzeichen des nachlassenden Augen-
lichtes, und später diagnostiziert ein Augenarzt den doppelseitigen grauen
Star. Nach langem Zögern unterzieht sich Monet zwei Operationen, die ihm

Detail aus *Seerosenteich abends*

ABBILDUNG OBEN:
Morgen (Quadriptychon), 1916–26

ABBILDUNG MITTE:
Morgen mit Trauerweiden (Triptychon),
1916–26

Monet bei der Arbeit an einer Seerosendekoration in seinem großen – dritten – Atelier,
um 1923

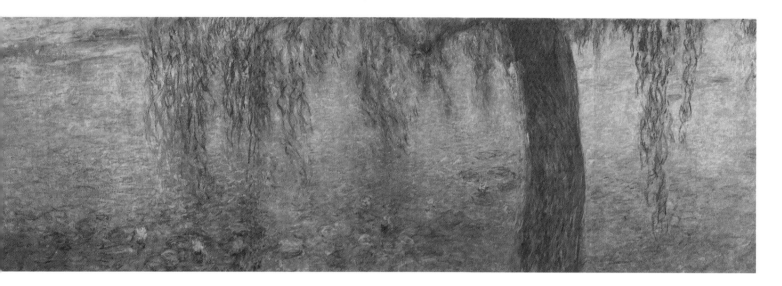

Raum II des Musée de l'Orangerie
Die »Sixtinische Kapelle des Impressionismus« nannte der Maler und Grafiker André
Masson die Pariser Orangerie, in der nach
Monets Tod die dem französischen Staat ge-
schenkten Seerosendekorationen der Öffentlichkeit zugänglich gemacht wurden.

89

sein Augenlicht wiedergeben. 1919 stirbt Renoir, der letzte von Monets alten Weggefährten, und der alte Mann bleibt am Teich zurück.

Monet war nicht religiös, sondern durch und durch positivistisch eingestellt. Er war ein Materialist des Lichtes – sonst hätten die Interpreten sicher schon längst vor den letzten Bildern, die Monet gemalt hat, aus Dantes Inferno zitiert und die japanische Brücke ins Fegfeuer verlagert. Denn nicht das kühle Wasser, zu dem sich Monet sein Leben lang hingezogen fühlte und in dem er begraben werden wollte, steht am Ende dieses Lebens, sondern ein Feuer: der Teich steht in Flammen. Am Ende dieses langen Malerlebens stehen Bilder von gewaltiger Energie, Bilder, die von einer ungebrochenen, nie versiegenwollenden Vitalität sprechen: Als wolle der Maler, der half, die Kunst

Monet in seinem dritten Atelier in Giverny, um 1923

Von links nach rechts: Madame Kuroki, Claude Monet, Lily Butler, Blanche Monet und Georges Clemenceau

Die Japanische Brücke, 1922

aus dem erstarrten Eklektizismus der Akademien zu lösen, und Künstler wie Publikum wieder das Sehen lehrte – als wolle dieser Prometheus, der das Feuer der Moderne aus dem Funken der Freilichtmalerei schlug, in seinen letzten Bildern die Moderne noch mit den eigenen Händen vollenden. Die Kraft, die Monet durch sein Leben und seine Kunst trug, verzehrt sich in hochschießenden Flammen in der Glut und Hitze eines Moments und verlöscht abrupt. Monet stirbt am 6. Dezember 1926 im Alter von sechsundachtzig Jahren.

Claude Monet 1840–1926: Leben und Werk

Claude Monet, um 1875

1840 Als zweiter Sohn eines Gemischtwarenhändlers wird Claude Oscar Monet am 14. November in Paris, Rue Laffitte 45, geboren.

1845 Die Geschäfte des Vaters gehen schlecht. Die Familie zieht deswegen nach Le Havre um, wo der Vater in den Kolonialwarenhandel seines Schwagers Lecadre eintreten kann.

um 1855 Monets zeichnerische Begabung zeigt sich in gekonnten Karikaturen, die er u. a. von seinen Lehrern anfertigt.

1858 Bekanntschaft mit dem Landschaftsmaler Eugène Boudin (1824–1898), mit dem er gemeinsam unter freiem Himmel malt.

1859 Monet reist nach Paris, um dort Malerei zu studieren. Er besucht den Salon und arbeitet in der »Académie Suisse«, wo er Camille Pissarro (1830–1903) kennenlernt.

1860 Einberufung zum Militär; er wählt den Dienst bei den »Chasseurs d'Afrique« in Algerien, wird jedoch schon im nächsten Jahr aus gesundheitlichen Gründen nach Hause geschickt.

1862 Während des Erholungsurlaubes lernt er in der Normandie Johan Barthold Jongkind (1819–1891) kennen. Nach Monets Genesung kauft ihn die Familie vom Militär los und läßt ihn im November nach Paris zurückkehren, wo er ins Atelier des Malers Charles Gleyre (1806–1874) eintritt. Dort trifft er Auguste Renoir (1841–1919), Alfred Sisley (1839–1899) und Frédéric Bazille (1841–1870).

1863 Mit den neugewonnenen Freunden malt er im Wald von Fontainebleau. Am Jahresende verlassen die vier das Atelier von Gleyre.

1865 Der Salon nimmt zwei Marinen von Monet an. Für den nächsten Salon plant er ein monumentales *Frühstück im Grünen* fertigzustellen, das er gleich im Wald von Fontainebleau in Angriff nimmt.

1866 *Camille im grünen Kleid* wird im Salon ausgestellt und erhält gute Kritiken. Im Spätsommer und Herbst lebt Monet bei der Familie in Sainte-Adresse und Honfleur.

1867 Den Sommer verbringt er erneut bei den Eltern, während Camille in Paris den ersten Sohn Jean zur Welt bringt. Zurück in Paris nimmt Bazille Monet in seinem Atelier auf und kauft auf Raten die vom Salon abgelehnten *Frauen im Garten*.

1868 In fortwährenden finanziellen Schwierigkeiten arbeitet Monet in Etretat und Fécamp. Der Reeder Gaudibert unterstützte ihn seit 1864 wiederholt und gibt ihm auch jetzt Aufträge und löst gepfändete Bilder aus.

1870 Erneute Ablehnung durch den Salon; am 26. Juni heiratet er Camille Doncieux. Einen Monat später bricht der Deutsch/Französische Krieg aus. Monet setzt sich nach London ab, wo er im November die Nachricht vom Tode seines Freundes Bazille erhält. In London lernt er den Kunsthändler Paul Durand-Ruel kennen.

1871 Monets Vater stirbt am 17. Januar und hinterläßt Monet eine kleine Erbschaft. Über Holland kehrt Monet im Herbst zurück nach Frankreich und mietet sich ein Haus mit Garten in Argenteuil.

1872 Durand-Ruel kauft eine große Anzahl von Bildern. Monet richtet sich auf einem Boot ein Atelier ein und malt die Ufer der Seine. Bei einem Aufenthalt in Le Havre entsteht das Bild *Impression, Sonnenaufgang*. Zweite Reise nach Holland.

1873 Arbeitet ungestört in Argenteuil und lernt dort Gustave Caillebotte (1848–1894) kennen. Um gemeinsame Ausstellungen durchzuführen, wird im Dezember die »Société Anonyme Coopérative d'Artistes-Peintres, -Sculpteurs, -Graveurs, etc.« gegründet, der u. a. der Kern der späteren »Impressionisten« angehört.

1874 Die erste Gruppenausstellung findet in den Räumen des Fotografen Nadar am Pariser Boulevard des Capucines statt. Der Titel von Monets ausgestellter *Impression – Sonnenaufgang* wird vom Kritiker Leroy aufgegriffen, der sich in einem hämischen Artikel »Die Ausstellung der Impressionisten« über die Maler, die keine fertigen Bilder malen, sondern nur noch Impressionen, mokiert. Die Ausstellung wird ein Fiasko, und die »Société Anonyme« muß Ende des Jahres aufgelöst werden.

1875 Erneut in finanzielle Schwierigkeiten geraten, muß Monet in ein kleineres Haus umziehen.

1876 Auf der zweiten Ausstellung der Impressionisten, die in den Räumen von Durand-Ruel stattfindet, zeigt Monet 18 Gemälde. Er lernt den Kaufhausbesitzer Ernest Hoschedé kennen, der ihn beauftragt, Paneele für einen Saal seines Schlosses Rottenbourg bei Montgeron zu malen. Gegen Ende des Jahres und im nächsten Jahr malt Monet die Folge des *Bahnhof Saint-Lazare*.

1878 In Paris wird der zweite Sohn Michel geboren. Die Monets beziehen im Sommer ein kleines Haus in Vétheuil, wohin ihnen Alice Hoschedé mit ihren sechs Kindern folgt. Die materiellen Schwierigkeiten setzen sich unverändert fort.

1879   Die vierte Gruppenausstellung findet mit Unterstützung von Caillebotte statt. Monet malt in Vétheuil und Lavacourt. Am 5. September stirbt Camille im Alter von 32 Jahren.

1881   Durand-Ruel kauft wieder Bilder von ihm und unterstützt seine Arbeitsreisen. Im Dezember zieht Monet zusammen mit Alice Hoschedé und den Kindern nach Poissy.

1883   Durand-Ruel richtet eine Einzelausstellung für Monet aus. Die Kritik reagiert wohlwollend, größere Verkäufe kommen jedoch nicht zustande. Durand-Ruel beauftragt ihn mit den Dekorationen für seine Pariser Wohnung. Monet mietet das Haus in Giverny und reist im Dezember mit Renoir nach Südfrankreich.

1884   Von Januar bis April malt er an der Riviera.

1886   Reise nach Holland. Malt im Herbst in Etretat und in der Bretagne, wo er seinen späteren Biographen Gustave Geffroy kennenlernt.

1887   Durand-Ruel eröffnet eine Galerie in New York und stellt dort auch Arbeiten Monets aus. Großen Erfolg hat Monet in Paris erneut bei Georges Petit, der ihn schon 1885 ausgestellt hatte.

1888   Arbeitet von Januar bis April an der Côte d'Azur und reist im Sommer erneut nach London. Zurück in Frankreich weigert er sich, das Kreuz der Ehrenlegion anzunehmen. Beginn der *Heuhaufen-Serie*.

1889   Georges Petit stellt höchst erfolgreich Monet zusammen mit Auguste Rodin (1840–1917) aus. Monet organisiert eine Sammlung, um Manets *Olympia* von dessen Witwe für den Louvre zu erwerben.

1890   Arbeitet an der Serie der *Heuhaufen* und beginnt die Serie der *Pappeln*. Kauft das Haus, das er bereits seit 1883 in Giverny bewohnt.

1891   Die Ausstellung der *Heuhaufen* bei Durand-Ruel wird ein großer Erfolg. Im Dezember malt Monet wieder in London.

1892   Arbeitet im Frühjahr vor der *Kathedrale von Rouen*. Nachdem im Jahr zuvor Ernest Hoschedé gestorben war, können Monet und Alice Hoschedé ihre Verbindung legitimieren und im Juli heiraten.

Claude Monet, 1901/Foto: Gaspar Félix Nadar

1895   Monet reist zu seinem Stiefsohn nach Norwegen. Im März stellt Durand-Ruel die Serie der *Kathedrale von Rouen* aus.

1896   Arbeitet erneut in der Normandie: in Varengeville, Dieppe und Pourville. Beginnt mit der Serie *Morgen an der Seine*.

1897   Malt von Januar bis März in Pourville. Baut ein zweites Atelier in Giverny. Im Sommer heiratet Monets Sohn seine Stiefschwester Blanche Hoschedé. Die zweite Biennale von Venedig zeigt 20 Gemälde Monets.

1899   Im Wassergarten von Giverny beginnt Monet mit der Serie der *Seerosen*. Im Herbst reist er nach London und widmet sich erneut den Ansichten der Themse.

1900   Mehrere Reisen nach London. Im Frühjahr arbeitet er in Giverny und im Sommer in Vétheuil.

1903   Arbeitet im Atelier an den Themseansichten (bis 1905); Pissarro stirbt am 12. November.

1904   Im Herbst fährt er mit Alice im Automobil nach Madrid, um die spanischen Meister, u. a. Velázquez, zu studieren.

1906   Monet arbeitet an der Seerosenserie, ist jedoch nicht zufrieden und verschiebt die bei Durand-Ruel geplante Ausstellung mehrfach. Am 22. Oktober stirbt Cézanne.

1908   Erste Symptome seiner Augenkrankheit. Von September bis Dezember hält er sich mit Alice in Venedig auf.

1911   Alice Monet stirbt am 19. Mai.

1912   Die Galerie Bernheim-Jeune zeigt mit großem Erfolg Monets Bilder aus Venedig. Nachdem Monets Sehvermögen sich weiter verschlechtert, diagnostiziert ein Augenarzt den doppelseitigen grauen Star.

1914   Clemenceau und andere Freunde schlagen Monet vor, eine Serie von Seerosenbildern dem Staat zu schenken. Nach dem Tode des Sohnes Jean übernimmt dessen Witwe Blanche die Führung des Haushaltes in Giverny. Am 3. August tritt Frankreich in den Ersten Weltkrieg ein.

1915   Für die Entstehung der Seerosendekoration läßt Monet ein drittes Atelier bauen.

1918   Aus Anlaß des Waffenstillstandes am 11. November schenkt Monet dem französischen Staat acht seiner Seerosenbilder.

1919   Am 17. Dezember stirbt Auguste Renoir, der letzte seiner Freunde aus der Pariser Zeit.

1921   Große Retrospektive bei Durand-Ruel. Deprimiert und verzweifelt über das nachlassende Augenlicht will Monet die Schenkung zurückziehen.

1922   Auf Drängen Clemenceaus, der dieses Projekt von Anfang an gefördert hat, unterzeichnet Monet einen notariellen Vertrag über die Schenkung.

1923   Zwei Staroperationen geben Monet sein Augenlicht zurück, und er malt wieder. Oft deprimiert und entmutigt arbeitet er weiter an der großen Seerosendekoration.

1926   Claude Monet stirbt am 6. Dezember 1926 in Giverny.

Verzeichnis der abgebildeten Werke

Die in den Bildlegenden angegebenen Nummern (Wildenstein xx) sind dem Werkverzeichnis der Gemälde Claude Monets entnommen: *Daniel Wildenstein:* Monet, biographie et catalogue raisonné, I-IV. Lausanne und Paris 1974–85

1
Autoportrait de Claude Monet, coiffé d'un béret, 1886
Öl auf Leinwand, 56 x 46 cm
Wildenstein 1078
Privatbesitz
2
La Rue Saint-Denis, fête du 30 juin 1878, 1878
Öl auf Leinwand, 76 x 52 cm
Wildenstein 470
Rouen, Musée des Beaux-Arts
6
Coin d'atelier, 1861
Öl auf Leinwand, 182 x 127 cm
Wildenstein 6
Paris, Musée d'Orsay
7
León Marchon, um 1855/56
Holzkohle, mit weißer Kreide gehöht, auf blaugrauem Papier, 61,2 x 45,2 cm
Chicago (IL), The Art Institute of Chicago, Gift of Carter H. Harrison, 1933.888
8 oben
La route de la ferme Saint-Siméon, 1864
Öl auf Leinwand, 82 x 46 cm
Wildenstein 29
Tokio, The National Museum of Western Art, The Matsukata Collection
8 unten
Eugène Boudin
La plage de Trouville, 1864
Öl auf Holz, 26 x 48 cm
Paris, Musée d'Orsay
9
La pointe de La Hève à marée basse, 1865
Öl auf Leinwand, 90,2 x 150,2 cm
Wildenstein 52
Fort Worth (TX), Kimbell Art Museum
10 oben links
Le pavé de Chailly, 1865
Öl auf Leinwand, 43 x 59 cm
Wildenstein 56
Paris, Musée d'Orsay
10 oben rechts
Frédéric Bazille
L'ambulance improvisée, 1865
Öl auf Leinwand, 47 x 65 cm
Paris, Musée d'Orsay
10 unten
Charles Gleyre
Daphnis et Chloé revenant de la montagne, 1862
Öl auf Leinwand, 80 x 62,2 cm
Privatbesitz
11
Le déjeuner sur l'herbe (étude), 1865
Öl auf Leinwand, 130 x 181 cm
Wildenstein 62
Moskau, Puschkin Museum
12 unten
Edouard Manet
Le déjeuner sur l'herbe, 1863
Öl auf Leinwand, 208 x 264 cm
Paris, Musée d'Orsay
13 links
Le déjeuner sur l'herbe (partie gauche), 1865
Öl auf Leinwand, 418 x 150 cm
Wildenstein 63a
Paris, Musée d'Orsay
13 rechts
Le déjeuner sur l'herbe (partie centrale), 1865
Öl auf Leinwand, 248 x 217 cm
Wildenstein 63b
Paris, Musée d'Orsay
14
Le déjeuner, 1868
Öl auf Leinwand, 230 x 150 cm
Wildenstein 132

Frankfurt am Main, Städtische Galerie im Städelschen Kunstinstitut
15
Camille *ou* Femme à la robe verte, 1866
Öl auf Leinwand, 231 x 151 cm
Wildenstein 65
Bremen, Kunsthalle Bremen
16
Femmes au jardin, 1866
Öl auf Leinwand, 255 x 205 cm
Wildenstein 67
Paris, Musée d'Orsay
17
»Petit courier des dames«,
Illustration aus einem Modeblatt von 1864
18
Saint-Germain-l'Auxerrois, 1867
Öl auf Leinwand, 79 x 98 cm
Wildenstein 84
Berlin, Staatliche Museen zu Berlin – Preußischer Kulturbesitz, Nationalgalerie
19
Le jardin de l'infante, 1867
Öl auf Leinwand, 91 x 62 cm
Wildenstein 85
Oberlin (OH), Allen Memorial Art Museum, Oberlin College; R. T. Miller, Jr. Fund, 1948
20 links
Jardin en fleurs, um 1866
Öl auf Leinwand, 65 x 54 cm
Wildenstein 69
Paris, Musée d'Orsay
20 rechts
Katsushika Hokusai
Der Sazai-Pavillon des Tempels der Fünfhundert Rakan, aus: »Thirty-six Views of Mount Fuji«, 1829–33
Holzschnittdruck, 23,9 x 34,3 cm
Giverny, Académie des Beaux-Arts, Fondation Claude Monet
21
Terrasse à Sainte-Adresse, 1867
Öl auf Leinwand, 98,1 x 129,9 cm
Wildenstein 95
New York (NY), The Metropolitan Museum of Art, Purchased with special contributions and purchase funds given or bequeathed by friends of the Museum, 1967. (67.241)
22
Au bord de l'eau, Bennecourt, 1868
Öl auf Leinwand, 81,5 x 100,7 cm
Wildenstein 110
Chicago (IL), The Art Institute of Chicago, Mr. and Mrs. Potter Palmer Collection, 1922.427
23
Grosse mer à Etretat, um 1873
Öl auf Leinwand, 66 x 131 cm
Wildenstein 127
Paris, Musée d'Orsay
24
La promenade. La femme à l'ombrelle, 1875
Öl auf Leinwand, 100 x 81 cm
Wildenstein 381
Washington (DC), National Gallery of Art, Mr. and Mrs. Paul Mellon Collection
25
Antony Morlon
La Grenouillère (détail), 1880–90
Lithographie
Paris, Bibliothèque Nationale
26
Régates à Argenteuil, 1872
Öl auf Leinwand, 48 x 75 cm
Wildenstein 233
Paris, Musée d'Orsay
27
L'Hôtel des Roches Noires, Trouville, 1870
Öl auf Leinwand, 80 x 55 cm
Wildenstein 155
Paris, Musée d'Orsay
28 oben
Miranda
La Grenouillère
Aus: L'Illustration, August 1873
28 unten
Auguste Renoir
La Grenouillère, 1869
Öl auf Leinwand, 66 x 81 cm
Stockholm, Nationalmuseum

29
La Grenouillère, 1869
Öl auf Leinwand, 74,5 x 99,7 cm
Wildenstein 134
New York (NY), The Metropolitan Museum of Art, H.O.Havemeyer Collection, Bequest of Mrs. H.O. Havemeyer, 1929. (29.100.112)
30 oben
Le port de Zaandam, 1871
Öl auf Leinwand, 47 x 74 cm
Wildenstein 188
Privatbesitz
30 unten
Joseph Mallord William Turner
Yacht Approaching the Coast, 1838/40
Öl auf Leinwand, 102 x 142 cm
London, The Tate Gallery
31
Impression, soleil levant, 1873
Öl auf Leinwand, 48 x 63 cm
Wildenstein 263
Paris, Musée Marmottan
32 unten
Detail aus Abb. S.33
33
Le Boulevard des Capucines, 1873
Öl auf Leinwand, 79,4 x 60,6 cm
Wildenstein 293
Kansas City (MO), The Nelson-Atkins Museum of Art, (Purchase: The Kenneth A. and Helen F. Spencer Foundation Acquisition Fund) F 72–35
34
Detail aus Abb. S.35
35
Le pont du chemin de fer à Argenteuil, 1873
Öl auf Leinwand, 58,2 x 97,2 cm
Wildenstein 279
Privatbesitz
36 oben
Le déjeuner (panneau décoratif), 1873
Öl auf Leinwand, 160 x 201 cm
Wildenstein 285
Paris, Musée d'Orsay
36 unten
Auguste Renoir
Monet peignant dans son jardin à Argenteuil, 1873
Öl auf Leinwand, 46,7 x 59,7 cm
Hartford (CT), Wadsworth Atheneum.
Bequest of Anne Parrish Titzell
37
Coin d'appartement, 1875
Öl auf Leinwand, 80 x 60 cm
Wildenstein 365
Paris, Musée d'Orsay
38 links
Edouard Manet
Claude Monet et sa femme dans son studio flottant, 1874
Öl auf Leinwand, 82,5 x 100,5 cm
München, Neue Pinakothek
38 rechts
Le bateau-atelier, 1874
Öl auf Leinwand, 50 x 64 cm
Wildenstein 323
Otterlo, Kröller-Müller Stichting
39
Les coquelicots à Argenteuil, 1873
Öl auf Leinwand, 50 x 65 cm
Wildenstein 274
Paris, Musée d'Orsay
40 oben
Le pont d'Argenteuil, 1874
Öl auf Leinwand, 60 x 81,3 cm
Wildenstein 313
München, Neue Pinakothek
40 unten
Le pont du chemin de fer, Argenteuil, 1873
Öl auf Leinwand, 54 x 71 cm
Wildenstein 319
Paris, Musée d'Orsay
41 oben
La gare Saint-Lazare, arrivée d'un train, 1877
Öl auf Leinwand, 83,1 x 101,5 cm
Wildenstein 439
Cambridge (MA), Courtesy of The Fogg Art Museum, Harvard University Art Museums, Bequest – Collection of Maurice Wertheim, Class of 1906
41 unten
La gare Saint-Lazare, 1877

Zeichnung
Paris, Musée Marmottan
42 oben
Les déchargeurs de charbon, 1875
Öl auf Leinwand, 55 x 66 cm
Wildenstein 364
Paris, Document Archives Durand-Ruel
42 unten
Utagawa Hiroshige
Die Küste von Kujukuri in der Provinz Kazusa,
aus: »Famous Places in over Sixty Provinces«, 1853–56
Holzschnittdruck, 66,6 x 22,4 cm
Giverny, Académie des Beaux-Arts,
Fondation Claude Monet
43
La Japonaise, 1875
Öl auf Leinwand, 231,6 x 142,3 cm
Wildenstein 387
Boston (MA), Courtesy, Museum of Fine Arts,
1951 Purchase Fund
44
Eglise de Vétheuil, neige, 1879
Öl auf Leinwand, 65,3 x 50,5 cm
Wildenstein 505
Paris, Musée d'Orsay
45
Portrait de Camille Monet (?), um 1867
Rötelzeichnung
Privatbesitz
46
Camille Monet sur son lit de mort, 1879
Öl auf Leinwand, 90 x 68 cm
Wildenstein 543
Paris, Musée d'Orsay
47 oben
La débâcle près de Vétheuil, 1880
Öl auf Leinwand, 65 x 93 cm
Wildenstein 572
Paris, Musée d'Orsay
47 unten
Vétheuil dans le brouillard, 1879
Öl auf Leinwand, 60 x 71 cm
Wildenstein 518
Paris, Musée Marmottan
49
Poires et raisin, 1880
Öl auf Leinwand, 65 x 81 cm
Wildenstein 631
Hamburg, Hamburger Kunsthalle
50 oben
Cabane du douanier, Varengeville, 1882
Öl auf Leinwand, 60 x 78 cm
Wildenstein 732
Rotterdam, Museum Boymans-van Beuningen
50 unten
Cabane du douanier, Varengeville, 1882
Öl auf Leinwand, 60 x 81 cm
Wildenstein 743
Philadelphia (PA), Philadelphia Museum of Art,
William L. Elkins Collection
51
La promenade sur la falaise, Pourville, 1882
Öl auf Leinwand, 66,5 x 82,3 cm
Wildenstein 758
Chicago (IL), The Art Institute of Chicago, Mr. and Mrs.
Lewis Larned Coburn Memorial Collection, 1933.443
52
Les »Pyramides« de Port-Coton, 1886
Öl auf Leinwand, 65 x 81 cm
Wildenstein 1084
Moscow, Puschkin Museum
53 oben
La Manneporte près d'Etretat, 1886
Öl auf Leinwand, 81,3 x 65,4 cm
Wildenstein 1052
New York (NY), The Metropolitan Museum of Art,
Bequest of Lizzie P. Bliss, 1931. (31.67.11)
54
Peupliers au bord de l'Epte, vue du marais, 1891
Öl auf Leinwand, 88 x 93 cm
Wildenstein 1312
Privatbesitz
55 oben
Les peupliers, trois arbres roses, automne, 1891
Öl auf Leinwand, 93 x 74,1 cm
Wildenstein 1307
Philadelphia (PA), Philadelphia Museum of Art,
Gift of Chester Dale

55 unten
Les trois arbres, été, 1891
Öl auf Leinwand, 92 x 73 cm
Wildenstein 1305
Tokio, The National Museum of Western Art,
The Matsukata Collection
56 links
Essai de figure en plein air, vers la droite, 1886
Öl auf Leinwand, 131 x 88 cm
Wildenstein 1076
Paris, Musée d'Orsay
56 rechts
Essai de figure en plein air, vers la gauche, 1886
Öl auf Leinwand, 131 x 88 cm
Wildenstein 1077
Paris, Musée d'Orsay
57 unten
Meules, um 1888/89
Zeichnung
Paris, Musée Marmottan
58 oben
Meule, effet de neige, temps couvert, 1891
Öl auf Leinwand, 66 x 93 cm
Wildenstein 1281
Chicago (IL), The Art Institute of Chicago,
Mr. and Mrs. Martin A. Ryerson Collection, 1933.1155
58 unten
Meule, effet de neige, le matin, 1891
Öl auf Leinwand, 65,4 x 92,3 cm
Wildenstein 1280
Boston (MA), Courtesy, Museum of Fine Arts,
Gift of Misses Aimee and Rosamond Lamb in
Memory of Mr. and Mrs. Horatio A. Lamb
59 oben
Meule au soleil, 1891
Öl auf Leinwand, 60 x 100 cm
Wildenstein 1288
Zürich, Kunsthaus Zürich
59 unten
Meules, dégel, soleil couchant, 1889
Öl auf Leinwand, 64,9 x 92,3 cm
Wildenstein 1284
Chicago (IL), The Art Institute of Chicago,
Gift of Mr. and Mrs. Daniel C. Searle, 1983.166
60 oben links
La cathédrale de Rouen. Le portail et la tour Saint-
Romain à l'aube, 1894
Öl auf Leinwand, 106 x 74 cm
Wildenstein 1348
Boston (MA), Courtesy, Museum of Fine Arts,
The Tompkins Collection 5831C
60 oben Mitte
La cathédrale de Rouen. Le portail, soleil matinal.
Harmonie bleue, 1894
Öl auf Leinwand, 91 x 63 cm
Wildenstein 1355
Paris, Musée d'Orsay
60 oben rechts
La cathédrale de Rouen. Le portail et la tour Saint-
Romain, effet du matin. Harmonie blanche, 1894
Öl auf Leinwand, 106 x 73 cm
Wildenstein 1346
Paris, Musée d'Orsay
60 unten links
La cathédrale de Rouen. Le portail et la tour Saint-
Romain, plein soleil. Harmonie bleu, 1894
Öl auf Leinwand, 107 x 73 cm
Wildenstein 1360
Paris, Musée d'Orsay
60 unten Mitte
La cathédrale de Rouen. Le portail, temps gris.
Harmonie grise, 1894
Öl auf Leinwand, 100 x 65 cm
Wildenstein 1321
Paris, Musée d'Orsay
60 unten rechts
La cathédrale de Rouen. Le portail vu de face.
Harmonie brune, 1894
Öl auf Leinwand, 107 x 73 cm
Wildenstein 1319
Paris, Musée d'Orsay
61
siehe Abb. S. 60 oben links
62 oben
Les villas à Bordighera, 1884
Öl auf Leinwand, 115 x 130 cm
Wildenstein 857
Santa Barbara (CA), The Santa Barbara Museum of Art

62 unten
Palmiers à Bordighera, 1884
Öl auf Leinwand, 64,8 x 81,3 cm
Wildenstein 877
New York (NY), The Metropolitan Museum of Art, Be-
quest of Miss Adelaide Milton de Groot (1876–1967),
1967. (67.187.87)
63
Bordighera, 1884
Öl auf Leinwand, 64,8 x 81,3 cm
Wildenstein 854
Chicago (IL), The Art Institute of Chicago,
Mr. and Mrs. Potter Palmer Collection,
1922.426
64
Menton vu du Cap Martin, 1884
Öl auf Leinwand, 67,2 x 81,6 cm
Wildenstein 897
Boston (MA), Courtesy, Museum of Fine Arts,
Julia Cheney Edwards Collection
65 oben
Antibes, effet d'après-midi, 1888
Öl auf Leinwand, 65,5 x 81 cm
Wildenstein 1158
Boston (MA), Courtesy, Museum of Fine Arts,
Anonymous gift
65 unten
Montagnes de l'Esterel, 1888
Öl auf Leinwand, 65 x 92 cm
Wildenstein 1192
London, Courtauld Institute Galleries
66 oben
Le mont Kolsaas, reflets roses, 1895
Öl auf Leinwand, 65 x 100 cm
Wildenstein 1415
Paris, Musée d'Orsay
67
Le parlement, trouée de soleil dans le brouillard,
1899–1901
Öl auf Leinwand, 81 x 92 cm
Wildenstein 1610
Paris, Musée d'Orsay
68
Crépuscule à Venise, 1908
Öl auf Leinwand, 73 x 92 cm
Wildenstein 1769
Tokio, Bridgestone Museum of Art,
Ishibashi Foundation
69 oben
Le Palais Contarini, 1908
Öl auf Leinwand, 92 x 81 cm
Wildenstein 1767
St. Gallen, Kunstmuseum St. Gallen,
von der Ernst Schürpf-Stiftung erworben 1950
70
Le bassin aux nymphéas, 1899
Öl auf Leinwand, 92,7 x 73,7 cm
Wildenstein 1518
New York (NY), The Metropolitan Museum of Art,
Bequest of Mrs. H.O.Havemeyer, 1929.
H.O. Havemeyer Collection (29.100113)
72
Le printemps, 1886
Öl auf Leinwand, 65 x 81 cm
Wildenstein 1066
Cambridge, Fitzwilliam Museum
73
Champ de coquelicots, environs de Giverny, 1885
Öl auf Leinwand, 65,2 x 81,2 cm
Wildenstein 1000
Boston (MA), Courtesy, Museum of Fine Arts,
Julia Cheney Edwards Collection
74
La barque, 1887
Öl auf Leinwand, 146 x 133 cm
Wildenstein 1154
Paris, Musée Marmottan
75 oben
Jeunes filles en barque, 1887
Öl auf Leinwand, 145 x 132 cm
Wildenstein 1152
Tokio, The National Museum of Western Art,
The Matsukata Collection
75 unten
En canot sur l'Epte, 1890
Öl auf Leinwand, 133 x 145 cm
Wildenstein 1250
São Paulo, Museu de Arte de São Paulo

77 oben
Une allée du jardin de Monet, Giverny, 1901–02
Öl auf Leinwand, 89 x 92 cm
Wildenstein 1650
Wien, Österreichische Galerie

77 unten
Le bassin aux nymphéas, 1900
Öl auf Leinwand, 89,2 x 92,8 cm
Wildenstein 1630
Boston (MA), Courtesy, Museum of Fine Arts,
Given in Memory of Governor Alvan T. Fuller
by the Fuller Foundation

78
Iris, 1914–17
Öl auf Leinwand, 199,4 x 150,5 cm
Wildenstein 1832
Richmond (VA), Virginia Museum of Fine Arts.
The Adolph D. and Wilkins C. Williams Fund

79
Le jardin de Monet, les iris, 1900
Öl auf Leinwand, 81 x 92 cm
Wildenstein 1624
Paris, Musée d'Orsay

82 oben
Nymphéas, paysage d'eau, les nuages, 1903
Öl auf Leinwand, 74 x 106,5 cm
Wildenstein 1656
Privatbesitz

82 unten
Nymphéas, 1897–98
Öl auf Leinwand, 66 x 104 cm
Wildenstein 1501
Los Angeles (CA), Los Angeles County Museum of Art,
Bequest of Mrs. Fred Hathaway Bixby

83
Les nymphéas à Giverny, 1917
Öl auf Leinwand, 100 x 200 cm
Wildenstein 1886
Nantes, Musée des Beaux-Arts,
Don de la Société des Amis du Musée, 1938

84
Nymphéas, 1919
Öl auf Leinwand, 100 x 200 cm
Privatbesitz

85
Nymphéas, 1916
Öl auf Leinwand, 200 x 200 cm
Wildenstein 1800
Tokio, The National Museum of Western Art,
The Matsukata Collection

86
Le bassin aux nymphéas, le soir (diptyque), um 1916–22
Öl auf Leinwand, 200 x 600 cm
Wildenstein 1964/65
Zürich, Kunsthaus Zürich

87
Detail aus Abb. S.86

88/89 oben
Le bassin aux nymphéas sans saules: matin
(quatriptyque), 1916–26
Öl auf Leinwand, 200 x 200, 200 x 425, 200 x 425,
200 x 200 cm
Wildenstein IV S.328,4a-d
Paris, Musée de l'Orangerie

88/89 Mitte
Le bassin aux nymphéas avec saules: le matin clair
aux saules (triptyque), 1916–26
Öl auf Leinwand, je 200 x 425 cm
Wildenstein IV S.329, 4a-c
Paris, Musée de l'Orangerie

91
Le pont japonais, 1922
Öl auf Leinwand, 89 x 116 cm
Minneapolis (MN), The Minneapolis Institute of Arts,
Bequest of Putnam Dana McMillan

Der Verlag dankt den Museen, Sammlern und Fotografen, die uns bei diesem Buch unterstützt haben. Neben den in den Legenden genannten Personen und Institutionen seien des weiteren aufgeführt: Acquavella Galleries, New York (54); Photograph © 1993, The Art Institute of Chicago, All Rights Reserved (7, 22, 51, 58 unten, 63); Artothek, Peissenberg (38 unten links, 40 oben); Michael Bodycomb (9); The Bridgeman Art Library (20 links, 30 oben, 30 unten); Christie's Images (35); Ebbe Carlsson (72); Collection Jean-Marie Toulgouat (66 unten); © Collection Philippe Piguet (69 unten, 71); © Document Archives Durand-Ruel (48 oben, 48 unten, 88 unten, 90 oben); © Harlingue-Viollet (80/81); Photo Luiz Hossaka (75 unten); © P. Jean (83); Musée Claude Monet (76 unten); © 1993 Museum Associates, Los Angeles County Museum of Art. All Rights Reserved (82 unten); Photo Henri Manuel (88 unten); © Photo R.M.N. (6, 8 unten, 10 oben links, 10 oben rechts, 12 unten, 13 links, 13 rechts, 16, 23, 26, 27, 36 oben, 37, 39, 40 unten, 44, 46, 47 oben, 56 links, 56 rechts, 60 oben Mitte, 60 oben rechts, 60 unten links, 60 unten Mitte, 60 unten rechts, 66 oben, 67, 77 oben, 79, 88/89 oben, 88/89 Mitte); © Roger-Viollet (12 oben, 76 unten, 89 unten); Foto Scala, Firenze (52); Elke Walford (49); Archiv Walther, Alling (90 unten, 92, 93).

Anmerkungen

1 François Thiébault-Sisson, Interview mit Claude Monet, Le Temps, 27. November 1900
2 Brief an Boudin, 20. Februar 1860, zit. nach Daniel Wildenstein, Claude Monet – Biographie et catalogue raisonné, Lausanne und Paris, 1974 ff., Bd. I, S. 419
3 wie Anm. 1
4 Jean Renoir, Mein Vater Auguste Renoir, Frankfurt, Wien, Zürich 1965, S. 100
5 wie Anm. 4, S. 102
6 Paul Mantz, Gazette des Beaux-Arts, Juli 1865
7 Emile Zola, Mon Salon, L'Événement, 11. Mai 1866, zit. nach Günther Busch, Claude Monet »Camille«, Die Dame im grünen Kleid, München 1980, S. 15
8 wie Anm. 7, S. 14
9 André Gill, La Lune, 13. Mai 1866
10 Emile Zola, Salons, Revue du XIXe siècle, 1, Janvier 1867
11 Brief an Bazille, 25 Juni 1867, wie Anm. 2, Bd. 1, S. 423
12 Brief an Bazille, Dezember 1868, wie Anm. 2, Bd. 1, S. 425
13 Léon Billot, Journal du Havre, 9. Oktober 1868
14 T. J. Clark, The Painting of Modern Life – Paris in the Art of Manet and his Followers, Princeton 1984, S. 153
15 wie Anm. 14, S. 152
16 Louis Leroy, L'Exposition des Impressionistes, Le Charivari, 25. April 1874
17 Jules Castagnary, Exposition du Boulevard des Capucines, Les Impressionistes, zit. nach John Rewald, Die Geschichte des Impressionismus, Köln 1979, S. 218
18 wie Anm. 2, Band I, S. 58
19 wie Anm. 4, S. 153
20 Albert Wolff, Le Figaro, 3. April 1876
21 Brief an Manet, 28 Juni 1875, wie Anm. 2, Band I, S. 430
22 Brief an Murer, 1. September 1878, wie Anm. 2, Band I, S. 434
23 Brief an de Bellio, 30. Dezember 1878, wie Anm. 2, Band I, S. 436
24 Georges Clemenceau, Claude Monet – Betrachtungen und Erinnerungen eines Freundes, Frankfurt am Main 1989, S. 21
25 Brief an Paul Durand-Ruel, 30. März 1893, wie Anm. 2, Band III, S. 273
26 wie Anm. 4, S. 197 f.
27 Brief an Paul Durand-Ruel, 12. Januar 1884, wie Anm. 2, Band II, S. 232
28 Brief an Theodore Duret, 2. Februar 1884, wie Anm. 2, Band II, S. 235
29 Brief an Gustave Geffroy, 12. Februar 1888, wie Anm. 2, Band III, S. 229
30 Stéphane Mallarmé an Monet, in: H. Mondor, L. J. Austin, Stéphane Mallarmé, Correspondance, Paris 1969, Band III, S. 207
31 Brief an Paul Durand-Ruel, 23. März 1903, wie Anm. 2, Band IV, S. 363
32 Brief von Alice Monet an Germaine Salerou, Venedig, 3. Dezember 1908, zit. nach: Claude Monet au temps de Giverny, Centre Culturel du Marais, 6. April – 31. July 1983, S. 140
33 Arsène Alexandre, Le Jardin de Monet, 9. August 1901
34 wie Anm. 33
35 Wynford Dewhurst, Impressionist Painting: Its Genesis and Development, London 1904, zit. nach Charles F. Stuckey, Monet a Retrospective, New York 1986, S. 231